김.제.동을 통해
학교교육의 답을 찾다

김.제.동을 통해
학교교육의
답을 찾다

초판 1쇄 발행일 2015년 10월 12일
초판 2쇄 발행일 2015년 11월 12일

지은이 김태완
펴낸이 양옥매
디자인 최원용
교　정 조준경

펴낸곳 도서출판 책과나무
출판등록 제2012-000376
주소 서울특별시 마포구 월드컵북로 44길 37 천지빌딩 3층
대표전화 02.372.1537 **팩스** 02.372.1538
이메일 booknamu2007@naver.com
홈페이지 www.booknamu.com
ISBN 979-11-5776-101-2(03370)

이 도서의 국립중앙도서관 출판시도서목록(CIP)은 서지정보유통지원 시스템
홈페이지(http://seoji.nl.go.kr)와 국가자료공동목록시스템
(http://www.nl.go.kr/kolisnet)에서 이용하실 수 있습니다.
(CIP제어번호 : CIP2015027093)

김.제.동을 통해
학교교육의
답을 찾다

김태완 지음

책과나무

시를 읊조리고 노래를 부르며
사람과 소통하고 교육과 만나다

PART 01

지금, 여기, 학교교육을 향한 질문들

PART 02

유명인사를 통해 찾은 학교교육의 답

PART
03

시와 음악에서 찾은 학교교육의 열쇠

철저한 자기반성. 수많은 질타와 비판 속에 교육과정이 재편되기는 하지만

우리 교육은 늘 균형을 이루지 못하고 국영수의 무게에 짓눌려 있다

PART
01

지금, 여기,
학교교육을 향한 질문들

Search for answers

1

교장이 principal인 이유

1988년 5월 어느 날. 피아노 학원에 다니며 화려한 선율에 몸을 맡기길 바랐던 어머니의 기대를 과감히 떨쳐 버리고 주산 학원에 열심히 다닌 덕에 한·일 주산·암산 교류전에 국가대표로 선발된 그 어느 날. '가문의 영광'일 줄만 알았던 내 삶에 '가문의 개망신'이라는 딱지가 붙는 것은 순식간이었다.

내 고향 대구에서는 2명, 전국에서는 총 8명만 국가대표로 선발되었기에 주산 학원의 원장 선생님은 나를 두고 자부심을 가지기에 충분했고, 그 자부심을 학원 광고용 현수막으로 표출했다.

'祝 효목초등학교 6학년 김태완 한 · 일 주산 · 암산 교류전 국가대표 선발'

산수(수학) 시험을 치른 후의 동그라미 개수보다 딱지를 보유한 개수가 더 많았으며, 자연(과학) 수업 시간에 머리를 굴린 횟수보다 팽이를 잘 굴릴 묘안을 찾고 있었던 횟수가 더욱 잦았던 나로서는 성적이 좋을 리 없었다. 하지만 학교에서 모범생이 아니라고 해서 다른 공간이나 다른 상황에서 우수한 역량과 자질을 지닌 소년으로 거듭나지 말란 법이 없을 테니 주산 4단, 암산 1단의 빛나는 성적으로 국가대표 명단에 승선했던 것이다.

아이들의 눈높이에 맞춰 생각하면 '태완이는 공부는 못하지만 주산은 끝내 줘!'가 됐을 텐데 학교의 눈으로, 교장의 눈으로 보면 '저렇게 공부 못하는 아이가 주산 국가대표로 선발되었다는 것은 말이 안 돼. 아마도 학원 측이 수강생을 많이 확보하기 위해 광고 차원에서 현수막을 걸어 놓은 게 분명해.'라는 결론으로 다다르는 모양이다. 나의 자질을 의심하고 학원의 의도를 불순하게 파악한 당시의 교장은 전후 상황을 묻지도 않고 급히 학원장을 호출했고 몇몇 교사들을 불러 앉혔으며 나를 암산 시험대에 올렸다.

"2,559+3,526=?"

김.제.동을 통해 학교교육의 답을 찾다

"6,085"

"56,992+78,154=?"

"135,146"

"356×889=?"

"316,484"

초등학교 6학년생으로서 의기양양하게 '6,085', '135,146', '316,484'라고 말했을 법도 하지만 어른들의 뚫어지는 시선 속에 눈물과 자괴로 점철된 숫자를 읊어 댔던 기억이 난다. 공부를 못하는 아이가 주산 국가대표로 선발될 수는 없을 거라는 교장의 무지몽매함이 한 소년의 자존감을 무너뜨린 것이다. 학교 공부와는 다소 뜻이 맞지 않았지만 내가 흥미를 느끼는 곳에서 마음껏 끼를 발산하면 나름의 신세계가 열리리라는 꿈을 산산조각 내었는지 모른다.

유년기에 있어 아픔을 논하자면 그것의 팔 할은 당시 초등학교 교장이 선물(?)했다. 성장하여 교사가 된 나로서는 어린 시절의 아픔을 치유할 정신력까지 갖추었고 교장의 판단력 부재가 오늘의 나를 있게 했다고 자위도 해 보지만 '소년의 상처'는 팩트(fact)였다.

안타까운 것은 26년이 지난 지금도 수많은 학생들이 '상처'를 받았거나 '상처'를 받을 가능성에 노출되어 있다는 점이다. 좁은 땅덩

이에서 학연이 중시되고 간판의 논리가 지배하며 수능의 줄 세우기가 만연해 있기에 성적지상주의가 당연한 결과물일 것이라 생각하는 사람도 있을 것이다.

또한 사회의 요구에 맞추어 교장 역시 성적 향상을 중심축으로 한 학교경영이 불가피하다고 말할 것이다. 과연 이 시대가 학교 성적이 뛰어난 학생을 많이 양산해야 하는 것이 맞는지 여부와 관련된 논의는 차치하더라도 교과 성적 향상을 중심축에 두는 것은 교과 성적 이외의 발군의 능력을 존중하는 것과 별개일 것이다. 또한 성적지상주의의 블랙홀에 함몰되어 있으면 삶에 있어서 소중하게 여겨야 할 낱낱의 가치를 간과하게 되고 그에 따라 다양성을 놓칠 수도 있다는 것이다.

훌륭한 교장들이 많이 있는 건 사실이지만 그렇지 않은 교장들이 더욱 많다는 것은 진실이다. 사실 너머의 진실을 바라보면 왜 훌륭하지 않은 교장들이 더욱 많이 있는지 알게 된다. 교육공무원 승진 규정이나 평정업무 처리 요령 등을 보면 교원들이 어떻게 관리직으로 승진하는지 알 수 있다. 엄청나게 세부적인 항목을 바탕으로 수많은 소수점들의 향연에서 근근이 살아남은 자가 교감이 되고 교장이 되는 것이다.

김.제.동을 통해 학교교육의 답을 찾다

모르는 사람들이 언뜻 보면 연수 성적이 뛰어난 자에게, 연구 실적이 뛰어난 자에게, 혹은 도서벽지에 근무한 자에게 점수를 주고 그들을 승진시키는 것이 온당해 보일 것이다. 여기에서 세세하게 나열할 수는 없지만 교육활동과 직·간접적으로 유관한 항목을 바탕으로 각각 점수화하고 취한 점수에 따라 승진 여부가 갈리는데, 중요한 것은 이 점수를 얻기 위한 과정 자체가 학생들에게 순수하게 열려 있어야 할 방향과 시간에 배치될 가능성이 높다는 것이다. 말하자면 승진 프레임에 갇혀 있으면 학생들을 대하는 패턴이 단순화되고 학생들에게 투자하는 시간이 상대적으로 줄어들 수 있다는 것이다.

또한 전후 상관관계도 잘 살필 필요가 있다. 도서벽지에 근무하는 교사를 한 예로 들어 보자. 교사의 승진에 관심이 없는 일반인들이 보면 사회적 배려 대상자가 많을 법한 공간이나 교육수혜자로서의 권리를 찾기 힘든 외딴 곳에서 가족들과 생이별하며 교육활동에 전념하는 이를 두고 페스탈로치 그 이상의 열정과 혼을 지녔다며 극찬할지 모른다.

하지만 그들의 대부분은 승진 여부 결정에 있어 절대적인 영향력을 행사하는 '도서벽지 지역 근무'에 자신을 맞춘 것이다. 어쨌든 힘든 곳에서 고생스럽게 살지 않느냐고 반문하기도 하겠지만, 바로

여기서 지적할 부분이 '전후 상관관계'라는 것이다.

　교육의 혜택으로부터 요원한 거리에 있는 학생들에게 가진 것을 모두 바치리라는 열정이 선행되어야 하고 그에 따라 나름의 제도적·물질적·심리적 보상이 주어져야 한다. 단위 학교의 수장이 되어 학생과 학교에 방향을 제시해 주어야 할 사람들이 교육철학과 소신을 갖추려 노력하지 않고 무언가의 보상이 전제로 깔린 상황에서 교육활동이 후행되는 구조가 악순환 되고 있다는 것이다.

　몇 해 전 학교폭력이 절정에 달했을 때 학교폭력 대비책을 위해 복수담임제가 추진되었는데, 학교폭력 예방이라는 본질에 충실한 경우보다 승진을 생각하는 사람들이 담임 점수를 챙겨 가는 수단으로 전락된 경우가 많았으니 같은 맥락에서 생각해 볼 일이다.

　교육의 본질적 목표를 잘 수행한 사람들이 관리자로 승진할 것이라는 믿음과는 달리 기계적 잣대에 자신을 최적화한 사람이 승진하기 유리한 구조라는 점, 또한 그 승진 과정에서 학교장이나 교육청의 평가 점수로부터 자유로울 수 없기에 'YES맨'으로서의 덕목은 필수적인 요소라는 점, 비합리적인 잣대에 근거한 소수점의 높고 낮음에 따라 정당하지 못한 경쟁 구도가 펼쳐진다는 점 등이 우리를 슬프게 만든다. 우리가 바라보고 있는 교장 모두가 그런 것은 아니지만 대부분 그러한 어둠의 터널에 갇혀 있었고 아직도 갇혀 있다. 다만 그들은 터널을 나와 밝은 빛을 마주 대하고 있다고 생각하겠지만.

그나마 개똥철학이라도 있는 교장이라면 찬반양론을 바탕삼아 교육 현안을 논해 보겠지만, 교육적 소신 없이 자기가 살아온 방식대로 학생들에게 '경쟁'을 강요하고 '성적'에 적응하기 쉬운 방법을 찾게 만든다. 미래 사회의 변화 방향에 대한 심각한 고민이 없고 이 시대가, 다음 시대가 요구할 인재상에 대한 치열한 논의를 하려고 하지 않는다.

학교마다 다르지만 대부분 일주일에 한 번 정도 교직원 회의를 개최한다. 거의 모든 시간을 선생님들이 해야 할 일들의 '전달'로 이루어진다. 우리가 학교 다닐 적에 귀에 딱지가 앉을 정도로 지겹게 들었던 '실내 정숙', '쓰레기 함부로 버리지 않기' 등은 모두 교직원 회의를 통해 전달된다. 교사가 해야 할 일이나 학생들이 전해 들어야 할 일 등이 오가는 유의미한 시간이기는 하나 'WHY'나 'HOW'가 없다.

우리가 취하고 있는 교육활동이 과연 본질에 부합하는 일인지, 학생이나 학부모에게 떳떳하게 밝힐 수 있는 일인지, 구시대의 폐습에 얽매여 있는 건 아닌지 의문을 제기하고 비판을 가하면, 경쟁에만 익숙해 있고 철학이 없는 그 교장들이 일방향식 전횡 가도를 이미 점령하고 있다. 원칙과 절차, 민주주의를 솔선해야 하고 그 가치를 지켜야 할 학교에서는 교직원 '모임'만 있고 교직원 '회의'가 있은 지 오래되었다.

'모임'이 아니라 '회의'로 진화시키기 위해, 학생들에게 민주주의의 가치를 드높여야 한다고 강변했던 나 자신에게 쪽팔리지 않기 위해, 손을 번쩍 들고 논거를 대며 상황과 본질에 맞게 떳떳한 교사로서의 장을 더욱 확보하자는 주장을 펼치면, 그날부터 '싸가지 없는 놈'으로 전락하고 만다.

내가 세상을 바꿀 것인지, 내가 세상에 적응할 것인지에까지 거창하게 갈 것 없이 학교 사회의 잘못된 부분이나 토론이 필요한 부분에 손을 들지 못하는 것이 과연 교육자로서 옳은 일인지 회의(懷疑)할 때가 많다. 철학 있는 교장이 보인다면 지구 끝까지 따라가서라도 충성을 맹세하고 싶은 까닭이기도 하다.

나중에야 안 사실이지만, 자금을 유용하려 신규 교사에게 교장실 · 행정실의 현황판을 직접 만들라고 지시를 했던 교장. 도서관 리모델링 업체와 유착하여 소기의 목표를 달성한 교장. 교재 연구

김.제.동을 통해 학교교육의 답을 찾다

에 열을 올리고 있는 신규 교사에게 교무실 전기세가 많이 지출되니 집에 가라는 교장. 본인이 결재를 한 내용임에도 그 사실을 망각한 채 왜 그렇게 일을 처리했냐고 교무실에서, 그것도 교사와 학생이 있는데도 10원짜리 해학의 아름다움을 뽐내는 교장. 오직 SKY의, SKY에 의한, SKY를 위한 열정으로만 가득한 교장. 아! 이런 교장들을 더 이상 만나고 싶지 않다.

말이 나왔으니 SKY 이야기를 하지 않을 수 없다. 군계일학에 대한 인정과 예우를 소홀히 해도 된다는 논리가 아니라 우리 어른들이 그들을 위해 다수가 희생당하는 구조를 만들어 주어서는 안 된다는 것이다. 야간자율학습에 참여하여 학습력을 제고하는 가운데 상아탑에서 마음껏 자기의 능력을 뽐내려는 학생들이 있는 반면, 기타를 치면서 꿈을 찾는 학생도 있고 그림을 그리면서 꿈을 찾는 학생도 있을 것이며 아직은 뭐가 뭔지 모르겠지만 '야간자율학습'이라는 틀에만 가두지 말았으면 좋겠다고 생각하는 학생들도 있다. 그들에게는 그들의 선택과 권리를 인정할 필요가 있다.

아직도 지방의 대부분 일반계 고등학교에서는 '최선'이라는 이름으로 '최악'의 선택을 강요한다. 최근에만 고3 수업과 진학지도를 4년 내리 맡았던 나로서는, 지방의 어지간한 학교에 갈 학생들은 학교교육과정에만 충실히 하도록 하고 방과 후에는 자기의 다른 모습을 찾아 주는 것이 더 바람직하다는 생각을 많이 하게 된다. 학업에 남다른 역량이 있거나 관심을 가진 학생들은 적극적으로 밀어주고, 그렇지 않은 학생들은 학교의 틀이 아닌 새로운 형태의 교육과 학습이 필요하다는 것이다. '최선'이라는 이름으로 '최악'의 멍에를 씌워 봐야 성적이 가파르게 상승 곡선을 그리며 폭풍 질주하는 일은 거의 없다.

가끔 그런 경우가 있기는 한데, 학업에 대한 의지와 열정이 남다르고 목표의식을 공고히 한 경우에 한해서이다. 나를 두고 나쁜 교사라 반론을 제기하는 사람들도 있겠지만 막연하게 공수표를 띄우며 희망 고문을 하는 사람이 더 나쁜 선생이라 생각한다.

'나쁜 선생'을 양산하고 조장하는 것이 철학 없는 교장들이다. 오직 SKY만 생각하는 교장들은 말 그대로 오직 SKY다. 모든 학생들을 다 끌고 가야 옳은 교육이라고 포장하고 있지만, 막상 입시 결과가 나오면 중위권·하위권 학생들의 성적의 향상 폭을 신경 쓰는 교장은 거의 없다고 보면 된다. 마치 공장의 생산실적보고서를 접하는 사장과도 같이 '실적' 같은 실적에만 신경 쓴다. 이러한 교장들은 국민인권위에서 명문대 합격 관련 현수막 게시를 자제해 달라고 요청을 했음에도 당당하게 정문에 부착하는 것이 엄청난 소신인 양 SKY 합격자 수와 본인의 능력치를 동일시한다.

김.제.동을 통해 학교교육의 답을 찾다

학창 시절, 유쾌하면서도 비판의 칼날을 겨누길 소홀히 하지 않았던 영어 선생님이 말씀하셨다.

"너거, 교장, 학교장이 영어로 뭔 줄 아나?"
"모르겠는데예."
"문디 자슥들, 프린시팔(principal) 아이가! 미국이나 우리나라나 교장 샘들은 별론가 보다. 그자?"

교실은 웃음의 도가니탕. '서플'[səpl]로 발음하는 것이 옳은 일일 테지만, 우리의 영어 선생님은 '시팔'[sipal]로 발음하는 용맹을 보여 주셨던 것이다.

지금껏 학교장들의 행태를 보면 내 학창 시절의 영어 선생님처럼 인위적 발음 교정을 해야 마땅할 것이나 나는 'principal'의 'princ(prince)'에 주목하고 싶다. 이제는 '18'과 이별하고 싶다. 너무나 자주 만나 싫증나는 애인이다. 이제는 prince, 왕자를 만나고 싶다. 우리 교육의 백마 탄 왕자를 만나고 싶다.

– 2015. 3. 22. 오마이뉴스

2

보충수업인가? 고충수업인가?

한 백정이 문혜왕(文惠王)을 위하여 소를 잡은 일이 있었다. 그의 손이 닿는 곳이나 어깨를 기대는 곳이나 발로 밟는 곳이나 무릎으로 누르는 곳은 푸덕푸덕 살과 뼈가 떨어졌다. 칼이 지나갈 때마다 설경설경 소리가 나는데 모두가 음률에 들어맞았다. (중략)

문혜왕이 말하였다.
"아아, 훌륭하다. 재주가 이런 지경에까지 이를 수가 있는가?"

백정이 칼을 놓고 대답하였다.
"제가 좋아하는 것은 도(道)로서 재주보다 앞서는 것입니다. 처음

제가 소를 잡았을 적에는 보이는 것 모두가 소였습니다. 그러나 3년 뒤에는 완전한 소가 보이는 일이 없어졌습니다. 지금에 이르러서는 저는 정신으로서 소를 대하지 눈으로는 보지 않습니다. 감각의 작용은 멈춰 버리고 정신을 따라 움직이는 것입니다. (중략) 훌륭한 백정은 일 년마다 칼을 바꾸는데, 살을 자르기 때문입니다. 보통 백정들은 달마다 칼을 바꾸는데, 뼈를 자르기 때문입니다. 지금 저의 칼은 19년이 되었으며, 그사이 잡은 소는 수천 마리나 됩니다. 그러나 칼날은 숫돌에 새로 갈아 내온 것과 같은 것입니다. 소의 뼈마디엔 틈이 있는데 칼날에는 두께가 없습니다. 두께가 없는 것을 틈이 있는 곳에 넣기 때문에 휑하니 칼날을 움직이는데 언제나 반드시 여유가 있게 됩니다. 그래서 19년이 지나도 칼날은 새로 숫돌에 갈아 놓은 것과 같은 것입니다."

― 장주(김학주 옮김), 『장자』(을유문화사, 2000)

와탕카!

대학 3학년 때 '제자서 선독'이라는 강좌명으로 장자 제3편 양생주(養生主)에 있는 '庖丁爲文惠君解牛手之所觸…' 원문을 접하는 순간 〈서울의 달〉이라는 드라마에서 백윤식 씨가 외쳤던 "와탕카!"가 떠올랐다. 화투를 칠 때 좋은 패가 들어오거나 무언가 긍정적인 결과를 기대할 수 있을 상황일 때 우스꽝스러우면서도 쾌남의 의기양양함을 떨치지는 않은 채 와탕카를 외쳤는데, 내게도 그분이 온 것이다.

백정이 19년 동안 칼을 사용했음에도 새것과 같이 온전히 유지할 수 있었던 비결은 '긍(肯, 뼈에 붙은 살)'과 '경(綮, 뼈와 살이 이어진 곳)'을 잘 파악해 칼이 손상될 계제를 원천적으로 차단했기 때문이다. 자연의 흐름을 잘 파악하고 사물의 이치를 통찰하는 눈을 가지는 가운데 그 핵심과 본질을 꿰뚫어보는 것이 중요함을 알 수 있는 대목이다.

부족하나마 어떤 쟁점이나 결정적 화두가 있으면 천착하려 애쓰는 습관을 가지게 된 배경에는 대학 3학년 시절 이 글과의 인연으로 인해 학문의 즐거움을 느낀 장면이 담겨 있다. 나는 백정이 되어 일반계고 보충수업이라는 소를 잡아 보려 한다. 물론 칼날의 훼손은 막으면서 말이다.

'보충(補充)'은 '부족한 것을 보태어 채움'이라는 사전적 의미를 지닌다. 그렇다면 '보충수업'이라는 것은 부족한 것을 보태어 채우는 수업이 된다. 여기에서 부족하다고 느끼는 주체가 교사나 학교라면 학교교육과정만으로는 고등학교에서 이수해야 할 내용을 다 소화할 수 없기에 보충수업이 필요하다는 논리로 전개될 수 있을 것이다. 아니면, 정규 과정에서는 일반적인 내용을 다루고 보충수업에서는 수준별로 기본학습 또는 심화학습을 실시하려 한다는 논리로 전개될 수 있을 것이다.

입장을 바꾸어 부족하다고 느끼는 주체가 학생이라면 정규 교육 과정에서 해결하지 못한 과제를 조금 더 적극적으로 수행하려는 의지와 직결되는 것이 보충수업일 것이다. 아니면, 지적 호기심으로 충만한 뇌리에 강한 자극과 신선한 자극을 주기 위한 첨가제가 보충수업일 것이다.

후자의 입장에서 보충수업이 존재하는 것이라면 쌍수를 들고 반길 일이다. 자발적 의지를 키워 주고 학습력을 제고할 수 있는 주춧돌이 될 것이다. 선택과 집중을 통해 인재를 양성해야 할 교육자의 책무와도 무관하지는 않을 것이다. 하지만 대한민국의 일반계고 가운데 학생들의 보충수업에 '자율과 책임'의 고차원적 가치를 심어 주는 곳은 많지 않음에 문제를 제기한다.

일반계고는 수능과 입시라는 현실적 목표를 간과할 수 없기에 보충수업을 학생들에게 전적으로 자율화하는 것은 이상적인 기대치일 뿐이라는 논리를 펼치고 있다. 또한 학교사회에서는 이웃 학교 간의 공조 체계를 중요시한다. 주로 학교 간 공생을 위해, 이웃 학교의 시스템과 차이가 나면 학교 간 분위기가 묘해진다는 둥 교육청 입장도 곤란할 것이라는 둥 학부모의 성향에 따라 민원이 발생할 수 있다는 둥 논리를 가장한 변명들을 나열하며 보충수업 100% 참여를 강권한다.

각 학교 관리자들의 이해관계(利害關係)에 따라 이러한 공조체계가 모래성처럼 쉽게 무너질 때도 많아, '보충수업 100% 참여'는 보충수업에 있어 학생들에게 선택권을 주지 않으려는 얄팍한 술수로만 보인다. 더욱 안타까운 사실은, 이러한 시스템이 문제가 있다는 것을 인지하면서도 "너희들 대학 안 갈 거니?", "내용이 귀에 안 들어오더라도 일단 버텨 봐. '인내'와 '최선'은 배우잖아."라며 학생들이 현실적인 목표를 달성하고 정신적인 무장을 하는 데 엄청나게 결정적인 역할을 할 것처럼 포장하며 숫자 100을 만들어 내는 담임들의 '헌신'이 존재한다는 것이다. 좋게 말하면 교장을 위시한 여러 동료들과 사회적 인간으로서의 관계망을 무너뜨리지 않기 위한, 인간으로서의 고독한 몸부림이라 할 수 있고 나쁘게 말하면 주체적 비판의식 없이 획일화된 삶을 학생들에게 강요하는 '직업교사'인 것이다.

수능과 입시가 중요한 만큼 보충수업을 들어야 학생들이 진학하는 데 큰 도움이 될 거라고 생각하는 입장은 산업 사회적 마인드, 학력고사의 패러다임에 갇혀 있는 사람이다. 물 마시고 싶지 않은 학생에게 물을 억지로 마시게 한다면 어떤 일이 일어날까? 차라리 보충수업으로부터 자유로워진 물리학과 진학 희망자가 야구 경기를 관람하거나 직접 활동해 보면서 스윙 궤도에 따른 타구의 방향을 체감하고 공의 실밥과 공기, 어깨나 팔의 각도에 따라 공의 변화가 어떻게 달라지는지를 체득하는 것이 좋지 않을까? 도시공학과나 법학과에 진학하기를 희망하는 학생들이 차들로 가득한 도심 한복판에서 교통 흐름을 데이터로 집적하고 분석하는 일, 도로교통법을 점검하고 합리적 대안을 제시하는 길이 보충수업보다 정서적 · 실용적인 가치가 더 크지 않을까?

교육부 훈령 학교생활기록부 작성 및 관리지침에는 '방과후학교(보충수업도 정규 교육과정이 아니므로 이 범주에 넣고 있음)'의 수강 내용을 입력할 수 있다고 명시했다. 애초 교육부는 교과 영역이든 비교과 영역이든 다양한 강좌를 개설한 학교 시스템, 자발적 의지가 선행된 학생의 지속적인 노력 등 복합적인 요인이 갖추어졌을 때의 보상으로 이러한 항목을 넣었을지 모른다. 그럼에도 여러 학교에서 조악하게도 강제화한 보충수업의 내용과 결과를 학교생활기록부에 명시한다. 교육의 본질에 맞지도 않고 교육부의 지침에 본질적으로 부합하지도 않으며, 대학에서도 유의미한 자료로 판별하지 않는다. 보충수업에 참여하지 않는 학생들의 상대적 박탈감을 조장하기 위한 겁박용으로만 최고일지 모른다.

'대입의 논리'로 본다면 오히려 야구장에 간 학생들, 도심 한복판에 서 있었던 학생들이 대학 측에 강한 인상을 줄 것이다. 이른바 수시모집 학생부종합전형에 유리할 수도 있다는 것이다. 학생부종합전형에서도 수능최저학력기준 등 학력의 요소를 저버릴 수 없다는 논리로 이견을 제시하지는 말자. 보충수업에 참여하지 않는다고 해서 그것이 학력 저하의 늪으로 빠지게 된다는 논리에 동의할 수 없으니 말이다.

보충수업과 학력의 상관성 이야기가 나왔으니 철저하게 '대입의 논리'로 계속 생각해 보자. 학교에서의 보충수업이 과연 효율적일까? 문항분석팀, 교재연구팀, 강의준비팀 등 총체적으로 조직을 관리하며 체계적인 시스템을 갖춘 학원. 각종 문서에 시달리고, 난무하는 업무에 혼이 빠져 있는데 '철학 없는' 교장이 궤변과 망언과 만행으로 비빔밥을 만들어 주는 학교. 과연 정상적으로 보충수업을 준비할 수 있을까? 최선이라는 이름으로 십자가를 지면 다윗이 골리앗을 이길 수도 있지 않느냐며 반문할 수 있는 용맹함을 가진 자가 있다면, 그것은 용기가 아니라 무모함이라 말하련다.

김.제.동을 통해 학교교육의 답을 찾다

한때 EBS에서 강의를 맡았던 나는 40분 정도의 TV 강의를 위해 10시간 정도의 시간을 투자했다. 그나마 EBS라는 시스템이 있었기에 10시간의 고생이 두 배 세 배 이상의 보람으로 다가왔지만 '수업 준비만 잘하면 되는 게 아닌' 교사에게 학원 강사가 준비하는 시간만큼의 노력을 요구할 수도 없고 요구해서도 안 된다.

교사의 현실적 고충은 이해할 수 있으나 학생들을 향한 가르침의 끈이 길어야 할 것이며 튼튼해야 한다고 강변하려는 사람들이 있을 것이다. 나 역시 그 부분에 동의한다. 보충수업에 있어 학교가 학원에 비해 경쟁력이 떨어지니 마냥 손을 놓고 있자는 뜻이 아니라, 진정성을 가지고 강좌에 매진할 학생들에게 선택과 집중을 하면 수업의 방식이 다양하고 세련될 것이며 그것이 공교육만의 특화된 가치로 승화할 것이라는 점을 강조하고 싶은 것이다.

말하자면 학생들에게 선택권을 주었을 때 그들 나름대로의 길이 열릴 것이며, 교사는 교사대로 수업에 있어 새로운 지평을 개척하여 '효율'과 '본질'이라는 두 마리의 토끼를 사냥할 수 있다는 것이다.

먼 길을 달려왔다. 이제껏 학생들 스스로 필요성을 느끼지 못하는 가운데 보충수업을 강제하는 것에 대한 회의(懷疑)로 논의를 진행해 왔다. 이제 보충수업 논의에 있어 전자, 즉 정규 교육과정만으로는 질적·양적으로 부족하기에 보충수업이 필요하다는 논리를 가지고 있는 교사에 대한 논의도 덧붙이려 한다.

아니, 나를 포함한 다수의 교사에게 질문 두 가지를 던져 독자에게 사고의 스펙트럼을 확장해 주려고 한다. 교육과정에 명시한 진도를 다 나갈 수 없어 보충수업이 필요하다는 입장이라면 '교육공무원법 제41조 연수'라는 이름의 방학을 줄일 생각은 없었는가? 굳이 시스템의 희생양이 되기 싫다면 교육과정에서 요구하는 목표치는 현실적으로 문제가 많으니 재구성할 필요가 있다고 심각하게 문제제기를 했는가?

보충수업에 임해야 대학으로 가는 지름길이 마련된다는 일원적 사고. 일반계 고등학교에서의 소정의 목표가 있으니 하교 시간도 통일해야 한다는 그릇된 사고. 보충수업 불참자에 대해 학교생활기록부로 겁박하는 행위. 심지어는 보충수업에서 다룬 내용을 정기고사에 반영하는 행위. 이 모든 것들은 초짜 백정이 칼날을 무디게 하는 것도 모자라 부러뜨리면서도 소 한 마리 제대로 잡지 못하는 격일 것이다. '보충'이라는 자의(字意)에 충실하여 본질을 직관하는 혜안이 담긴 시스템, 그것이 필요하다. 노련한 백정이 '교육'이라는 소를 잘 잡아내는 그런.

김.제.동을 통해 학교교육의 답을 찾다

3

Etiquette 0점? 아니, 100점!

나는 참 예의바르고 경위 바른 사나이다.

길눈이 어둡고 귀가 멀 뿐 아니라 공간 지각 능력도 떨어지는 내가 1종 대형 면허까지 가지고 있다는 사실은 너무나도 아이러니하지만, 상대 차량에 양보를 받았을 때 어김없이 비상 깜박이를 켜는 것을 보면 에티켓면허는 1종 대형 면허, 그 이상의 것을 가지고 있는 셈이다.

나는 참 예의바르고 경위 바른 사나이다.

남자들이 서서 오줌을 누면 변기 외곽선 바깥으로 40㎝, 변기 상단 쪽으로는 30㎝씩이나 물방울의 향연이 일어난다는 일본 키타사

토 환경과학센터의 충격적 보고를 흘려듣지 않는다. 오줌의 파편이 칫솔이나 수건에 닿지 않게 하는 것이 우리 가족의 건강을 위한 길이고 그것이 가족에 대한 예의라 생각한다. 남자로서의 자존심을 운운하는 길이야말로 남자로서의 자존심을 짓밟는 일이라 판단하기 때문이다.

　나는 참 예의바르고 경위 바른 사나이다.
　사랑하는 사람과 데이트를 하다 뽀뽀를 할 일이 생기면 꼭 양치질을 한다. 중간에 분위기를 깨는 것도 실례이기에 분위기가 무르익기 전에 화장실에 가는 척하며 조심스럽게 이를 닦는다. 작업이 수행된 이후에 뒤늦게야 상황을 알아차린 상대가 "나는 안 닦았는데……." 하면 아무런 말없이 묵묵하게, 대신 더욱 진하게 N극과 S극의 결합을 이루면 그것이 배려요 이성에 대한 예의인 셈이다.

　나는 참 예의바르고 경위 바른 사나이다.
　고물상 세제 혜택이 축소되어 폐지 줍는 할아버지 · 할머니들의 겨울이 더욱 추울 것이다. 이 사실이 너무나 안타까워 폐지를 위한 폐지를 만드는 무식함도 불사하고 그들의 일터로 찾아간다. 그들의 고맙다는 인사에 그들이 살아왔을, 또한 살아갈 고초에 내 똥배를 바라보며 더욱 머리를 숙이게 된다.

　　　　　　　　　　　　김.제.동을 통해 학교교육의 답을 찾다

15년 정도 교직 생활을 하며 따뜻한 학생, 좋은 동료, 훌륭한 관리자, 의식 있는 학부모 등을 뵌 것도 사실이나 그렇지 않은 경우가 더 많았다. 선생님들이 청소시간에 학생들을 용병으로 투입시키는 것이 너무 싫어 사제동행 차원에서 교실을 쓸고 있는데, 학생 한 명이 제자리에 가만히 앉아 있으면서 "선생님, 여기도 쓰레기가 있네요."라 한 적이 있었다.

　연기학원에 다니며 배우가 되길 꿈꾸는 학생이 어떤 사안 때문에 내게 조금 야단을 들었는데, 집에 가서 아버지를 앞에 두고 얼마나 연기 연습을 철저히 했는지 그날 휴대전화 너머로 그 학생 아버지의 애창곡이 에코와 함께 춤을 춘 적도 있었다. 애창곡, 이른바 일본에서 말하는 '18번' 말이다.

　학교 내에서 이동하다 동료 교사들과 마주칠 때가 더러 있는데, 목 깁스를 하고 정형외과에서 전치 20주 진단을 받은 건지 목례조차도 안 되는 사람들이 많다. 혹시 내게만 좋잖은 감정이 있나 싶어 주위에 물어보면, 본래 저 인간은 예의를 쌈 싸먹었다고 전한다. '학생들이 지니게 해야 할 덕목을 본인이 갖고 있지 않으면 안 될 텐데…….'라며 오히려 측은지심을 가져 본다.

　학생이나 학부모, 그리고 동료교사에게서 느끼는 무례에 대한 적잖은 피로감은 나름 감내할 수 있다. 그들의 저돌성이 부담이 되지 않는다고 할 수는 없지만, 그들과의 융화를 위해 다른 방향으로 방법을 찾아보려는 노력이 선행되면 조금 더 낫지 않을까 하는 기대감이 있기 때문이다.

그런데 교감이나 교장과 같은 학교관리자들이 예의를 지키지 않고 경위 바르지 않으며 무례함으로 무장한다면 이야기가 달라진다. 상대적으로 학교 구조의 폐단과 한계에서 기인하는 경우가 많고, 그 불온한 시스템이 악순환을 조장할 것이기 때문이다.

우리가 흔히 말하는 알코올 중독, '알코올 남용 및 의존(alcohol abuse, alcohol dependence)'의 영역과 범위를 어디까지 규정하는 것이 옳은지 모르겠으나 교감 중에는 점심시간마다 소주를 한두 병 마시는 사람이 있었다. 그의 업무처리능력이 워낙 탁월했기에 사람들은 그저 '역시 술꾼이 일꾼'이라는 식으로, '교감 선생님의 역동적 에너지의 원천은 주(酒)님'이라는 식으로 경건한 마음을 담아 추앙하기에 바빴다.

"교감 선생님, 일반 직장인도 점심시간에 술을 마시는 것은 적절하지 않다고 봅니다. 오후 시간 근무에 차질이 빚어질 수도 있고 여러 모로……. 그런데 우리는 교육공무원이잖습니까? 아이들을 돌

김.제.동을 통해 학교교육의 답을 찾다

볼 책무가 있기에 점심시간도 근무시간으로 되어 있지 않습니까? 근무시간에 술 마시는 것은 개인적 차원에서는 에너지를 촉발시킬지 몰라도 교감 선생님의 그러한 도덕적 해이가 전이될 수도 있고 그 냄새를 비롯하여 다른 사람들에게 끼칠 모든 악영향에 대해서는 어떻게 생각하시는지요? 하루에 소주 한두 병을 마셔야 일을 할 수 있다는 것은 하나의 핑계일 수도 있습니다. 혹시 핑계가 아니라면 병원에 다니셔야지요."

아! 이렇게 말했으면 얼마나 좋았으련만! 신규 교사 때는 어떻게 말해야 하는지도, 어떻게 생각을 정리해야 하는지도 몰랐던 것 같다. 그런데 교직 생활 14년차에 레이더망에 걸려든 교감, 역시 술이 원수다. 품위와 격조를 지니며 후배 교사들에게 존댓말을 해 주는 것까지는 바라지도 않는다만 알코올이 위장에서 흡수되어 혈액을 통해 간으로 운반되기 시작하면 무식함과 경거망동이 융합과 통섭의 결정체가 되어 이 교감의 입에서 나오는 말.

"야이 가시나야! 내가 너만한 딸이 있다 아이가! 일로 와 봐라. 내가 교재 연구 도와주께. 과학 선생이라면 원서(原書)로도 공부해라이. 술 냄새 난다꼬? 이 가시나가 겁도 없이⋯⋯."

때는 야간자율학습 시간. 학생들은 공부하다가 애매한 것을 물어

보려고 교무실에 찾아왔었던 상황. 인간 대 인간으로서도, 교감 대 교사로서도 용납할 수 없는 상황이고 학교와 교육에 대한 정체성마저 흔들리는 이 괴로운 상황.

"교감 선생님, 술은 기호 식품입니다만 개인적인 공간에서 취해야 할 것으로 알고 있습니다. 여선생님에 대한 호칭도 잘못되었다고 생각하구요. 아이들이 공부할 수 있도록 우리 교원들이 도와줘야 할 시간에 술 취한 채 소란을 피우는 것은 더욱 잘못되었다고 생각합니다. 퇴근하시는 게 좋겠네요."

교감의 아세트알데히드가 아세트산과 물로 분해되어 소변을 통해 배설이 되는 동안 나는 '싸가지 없는' 존재로 낙인찍혀 있다. 주폭(酒暴)에 대해 온정적인 판결을 내리는 우리나라 재판부의 성향, 전 대통령 비서실장인 김 아무개 씨가 개발(?)했다던 경상도 특유의 '우리가 남이가' 정신, 학교사회의 관료적 문화, 교감이나 교장의 평가로부터 자유로울 수 없는 승진 구조 등이 '예의 바르고 경위 바른' 사나이를 짓밟는 것은 일도 아니다.

교직 경력 15년에 나이 40까지 먹은 내가 도대체 어디까지 경험을 하고 어디까지 나이를 먹어야 하는 건지 모르겠지만, 나이 어린 사람이 그러는 거 아니라며 험담하는 분위기가 감지된다. 정작 술

김.제.동을 통해 학교교육의 답을 찾다

주정한 본인은 머쓱해서 아무런 말도 못하는데 '승진에는 목말라 있으면서 개념이나 철학이라고는 밥 말아 먹은' 듀오 체제로 똘똘 뭉친 사람들은 내게 비판의 칼날을 들이대기 시작한다. 제 한 몸 희생하여 왕을 끝까지 보위하겠다는 신념으로.

학교사회에 몸담고 있으면, 관료제가 순기능을 발휘할 때도 있지만 역기능과 폐단도 만만치 않음을 느낄 수 있다. 관료제는 교감이 그릇된 행동을 하지 않았다면 내가 교감에게 소신 발언을 할 일도 없었다는 점과 어쨌든 상황의 본질은 교감의 궤도 이탈에 있다는 점을 놓치게 만든다. 그리고 나이 어린 사람이 선배 교원에게 덤빈 사건으로 왜곡해 버린다. 나이나 경력의 논리로 저급하게 상황을 해결하려 하고 권위의식을 조장하는 악순환을 생산하는 것이다.

잘 가르치는 교사가 이겨야 할까, 아니면 말 잘 듣는 교사가 이겨야 할까? 명쾌하게 정답이 나올 법도 하지만 교육현장에 있어 보면 이 문제가 어렵게만 느껴져 씁쓸할 따름이다. 교직원 회의에서 학교경영에 있어 투명하지 못한 점을 언급하면 발언 수위나 방법이 잘못되었다며 직·간접적으로 질타하는 사람들도 많다. 당신 말도 맞지만 관리자들의 체면도 세워 줘야 하지 않겠냐며 변호인 역할을 자처한다.

이렇게 말하는 사람들은 크게 두 부류로 나뉜다. 승진에 목말라 수단과 방법을 가리지 않고 맹목적인 충성을 보여 졸렬하게 본인의 근무성적평정 점수를 올리려는 자가 하나. 승진은 생각하지 않지만 관리자들과 연령대가 비슷한 사람들로서, 관리자의 행태는 나쁘다고 생각하나 후배들로부터 본인 역시 '테러'를 당할 수도 있겠다는 묘한 위기감을 가져 관리자들과 동병상련의 의기투합을 하는 경우가 하나.

둘 다 나쁘다. 이들은 주로 '김 선생 말은 맞는데, 그래도…….' 식의 진부한 화법을 구사한다. 새로운 무기를 장착하지 못하고 쌍팔년도 공격 루트로 관리자를 지켜 내려 한다. 그들이 본질과 맥락, 진실을 외면하고 하나의 장면만으로 상황을 전복하려 한다면 대신 치러야 할 값이 크다는 사실을 꼭 느끼게 해 줄 것이다. 나는 예의 바르고 경위 바른 사람이니 말이다.

오늘따라 기원전 2000년께의 이집트 피라미드 상형문자를 비롯한 4000년 전 바빌로니아의 벽돌에 쓰인 문구가 내 귀를 간질인다.

"요즘 젊은 것들은 버릇이 없어."

김.제.동을 통해 학교교육의 답을 찾다

4

EBS 수능 연계 정책, 이대로 좋은가

EBS 교재와 수능을 연계하는 정책은 사교육비를 줄이고 지역이나 계층 간 교육 불평등을 없애기 위해 10여 년 전 도입되었다. 애초 30% 수준의 연계율을 보이다가 이명박 정부에 들어서면서 70% 가까이 연계시켜 영향력을 절대화했다.

지역 · 계층 간 교육 격차를 다소 해소했다는 평가가 있기는 하지만 왜 굳이 이러한 방법을 통해서 실현해야만 하는가에 대한 의문이 남아 있기도 하다. 사교육비 경감 여부를 놓고서는 실효성이 있다는 데이터와 전혀 그렇지 않다는 데이터 사이에 엄청난 충돌과 괴리가 존재한다. 대럴 허프의 『새빨간 거짓말, 통계(How to Lie with

Statistics)』라는 책을 뒤적이지 않더라도 왜 이러한 현상이 일어났는지 짐작할 수 있겠으나 교육 현장에 있는 대부분의 교사들은 방법론이나 결과론에 있어 이 정책에 회의를 품는 것이 사실이다.

정치의 본령이 현장에 있음에도 관료나 정책 입안자들은 그것을 간과한 경우가 많았고, 그에 따른 사회적 손실을 국민들이 감내해야만 했던 사안이 비일비재하다. 같은 맥락에서 교육의 본령을 현장 중심에 두어야 한다는 지극히 당연한 논리를 수용하려 한다면, EBS 수능 연계 정책에 대해 교사들이 왜 회의를 가지고 있는지 경청해 볼 일이다.

EBS 수능 연계 정책은
대학수학능력시험의 본질에 위배된다.

범교과적 사고력 측정 시험의 바로미터가 되기도 했던 수능이 예전의 학력고사와 다름 아닌 꼴이 된 기저에 이 정책의 폐단을 찾아볼 수 있다. 수능은 말 그대로 대학에서 수학할 수 있는 능력을 키우기 위해 정상적인 고등학교 교육과정 내에서 사고력과 창의력을 키우는 형태로 준비해야 옳다. 사교육을 줄이기 위해 각고의 노력을 한 결과물로 내놓은 정책이겠으나 한정된 범위 내 익숙한 내용

김.제.동을 통해 학교교육의 답을 찾다

이 담긴 일정 패턴의 문제를 잘 풀게 하는 것이 공교육의 역할이어야만 하는지 생각해 볼 일이다. 수능의 본질적인 취지에도 어긋나고 학교 현장의 정통성을 무너뜨리기도 한다는 것이다.

 EBS 수능 연계 정책은
사교육비 경감에 크게 기여하지 못한다.

치열하게 조사한 수치를 바탕으로 논박하려는 자도 있겠으나 앞서 말했듯 통계는 가치의 중심을 어디에 두느냐에 따라 달리 해석될 여지가 크기에 고등학교 3학년 교실이 어떤 모습을 하고 있는지 바라보는 것이 더욱 중요하다. 성적에 따라 학생을 분화하는 것이 유쾌한 일은 아니지만, 그들의 성적을 상·중·하로 나눌 때 상위권 학생들은 EBS 교재를 기본서 정도로 인식한다. 특히 올해 같은 경우는 수능 출제 오류 파동의 영향으로 전년보다 문항곤란도가 현저하게 낮기에 상위권 학생들에게는 '귀찮지만 풀어 보기는 해야 하는' 정도의 교재인 것이다. 상위권 학생들은 만점이나 1등급이 목표이기에 연계되는 70%를 바탕으로 비연계 30%를 노리려 한다.

이것이 교육부의 기대와는 달리 어떤 형태로든 사교육에 노출될 가능성으로 연결되는 지점이다. 중위권 학생들 중에서는 연계 정책의 수혜자도 분명 있다. 대학에서 수학할 자질까지 향상되었는지는 모르겠으나 점수의 논리에서는 중위권 학생들이 노력 여하에 따라 득을 보는 경우가 더러 있다는 것이다.

하지만 수능은 등급 전쟁이고 표준점수 싸움이기에 수험생들의 상대적 서열을 무시할 수 없다. 즉, 연계 정책이 중위권들에게 일면 유리할 수는 있으나 점수의 상승이 절대적 위치의 상승까지 담보하지는 못하기에 중위권 학생들의 불안이 고조된다.

그러면 중위권 학생들은 상위권 학생들이 비연계에 투자를 하는 방법과는 달리 연계 70%는 확실히 내 것으로 만들고야 말겠다는 차원에서 선택과 집중을 가한다. 이러한 중위권 학생들의 심리를 잘 파악한 사교육계는 휘황찬란한 타이틀의 특강으로 그들을 포섭한다. 하위권 학생들은 EBS 교재가 수능에 연계된다는 것에 대해 별로 체감하지 못한다. 연계 정책에 의해 기본 개념과 원리를 천천히 탐구할 기회를 박탈당한 그들은 문제가 약간만 변형되어도 그것이 EBS 교재에서 비롯된 것임을 인지하지 못하기 때문이다.

결국 그들의 약점을 간파한 사교육계는 EBS 교재를 굳이 다 볼 필요가 없다며 찍기 신공의 화려함을 자랑한다. 공교육이 사교육을 따라가지 못하기 때문에 빚어진 참극이 아니냐는 식의 진부한 논쟁은 연계 정책의 본질에서 어긋나 있기에 논외로 한다.

 EBS 수능 연계 정책은
불법을 조장한다.

대부분의 교사들은 사교육 경감 실효성 논란을 차치하고 국가에서 요구하는 바에 따르기 마련이다. 그럴 수밖에 없다. 공교육의 정통성 운운하며 잘못된 정책의 시녀가 되지 않겠다는 의지를 불태우는 가운데 EBS 교재가 아닌 본 교과서로 배짱 있게 수업하는 교사는 많지 않다. 교육 풍토가 조금씩 바뀌어 가고 있으나 아직도 수능 성적에 따라 인생의 위상도 많이 달라질 거라는 학부모의 인식이 만연한 가운데 '입시 바이블'을 제쳐 둘 교사가 많지 않다는 것이다. 그렇기에 고3 교실에서는 해당 과목 교과서를 비싼 돈 들이기만 한 채 내팽개쳐 두고 EBS 교재로 수업을 하게 된다.

여기에서 교사와 학교의 '범법'이 발생한다. 초중등교육법 제29조(교과용 도서의 사용)에서는 '학교에서는 국가가 저작권을 가지고 있거나 교육부장관이 검정하거나 인정한 교과용 도서를 사용하여야 한다.'라고 명시하고 있다. 결국 교육수요자의 요구나 기대를 저버릴 수 없는 교사나 학교를 위법의 수렁에 빠뜨리는 것이다. 학교운영위원회의 심의를 거쳐 방과 후 수업에서 EBS 교재를 활용할 수 있는 여지는 있으나 EBS 교재를 적극 다룰 수밖에 없는 수능 정책과 EBS 교재를 정규 수업에서 다루면 안 된다는 현실 간 괴리를 목도한 학생들이 정규 수업 시간을 한가한 시간으로 만들 만큼의 여유가 있는 것은 아니다. 교과서를 포기하고 수능 연계 교재로만 수업을 해도 책거리를 하기에는 힘이 부치기 때문이다.

 EBS 수능 연계 정책은
교육 당국의 불신을 초래한다.

교육 당국은 EBS 수능 연계 정책의 큰 틀에 변화를 주지 않으려하면서 학교 현장의 어려움에 관심을 가지기는커녕 공문과 감사로 법을 지키기를 당부한다. EBS 교재를 수업 시간 중에 다루는 것은 원칙에 어긋나니 엄단하겠다는 것이다. 더 나아가 교육과정에 명시된 과목명과 시험 출제 요소 간 합치가 이루어지지 않는 경우 감사를 통해 불이익을 주겠다고 엄포를 놓고 실제 징계를 하는 경우도 적잖다.

예를 들어 '독서와 문법'이라는 과정이 있는데 평가 문항에 문학작품을 감상하고 평가하는 능력을 측정하는 질문이 있다면 교사에

김.제.동을 통해 학교교육의 답을 찾다

게 불이익을 준다는 것이다. 표면적으로는 당연한 조치인 듯하나 '독서와 문법'시간에 해당 교과서를 보는 것이 무의미할 정도로 EBS 교재를 절대화한 현실에서 교사는 EBS 교재를 통해 교육수요자들의 기대에 부응할 수밖에 없고, EBS 교재를 통해 다룬 내용을 내신 시험으로 출제할 수밖에 없는 점을 지나친 조치이다. 그러니 실제 존재하는 교육과정의 명칭과 출제 요소 간 결합력이 떨어지는 것은 국가가 야기한 불가피성인데, 그것을 빌미로 감사하는 것은 온당하지 못한 일이다.

결국 사교육비 경감을 위해 EBS 연계 정책이 최상 또는 차상이 될 수 있다는 프레임에서 빠져나와야 한다. '미래 인재 양성'이라는 여섯 글자를 두고 거시적 안목을 가졌을 때도 과연 이 정책을 수호하고 나설 것인지 의문이다. 고3 수업을 담당하는 모든 교사가 자신은 범법자가 될 수 없다며 교과서의 내용만 충실히 수업할 경우 어떤 모습이 연출될지 생각해 보면, 교사나 학교가 적법하게 교육의 정통성을 이야기할 수 있고 국가도 교육적 대의를 가질 수 있는 길이 무엇인지 답이 나올 것이다.

5

육아휴직에 대한
사회적 인식이 달라지기를

- 현상이나 제도를 바라보는 기성세대들의 세련된 마인드가 자라나는 세대들에게는 학습이 되고 교육이 된다.

　영국의 인구학자 토머스 맬서스는 "인구 증가는 언제나 식량 공급을 앞지르는 경향이 있으며, 엄격하게 산아 제한을 하지 않으면 인류의 운명은 나아질 가능성이 없다."는 주장을 펼쳤다. 이 주장대로라면 중국은 '런타이둬(人太多: 사람이 많아도 너무 많다며 중국인들 스스로 탄식하는 말)'로 인해 발전 가능성이 없는 것처럼 보이기도 한다. (중략) 이때 마오쩌둥이 내건 슬로건은 '런둬리량다(人多力量大: 사람이 많을수록 힘이 커진다는 의미)'였다. 그는 아이를 5명 이상 낳은 어머니는 '영광 엄마', 10명 이상 낳으면 '영웅'이라는 호칭까지 부여하며 출산장려운동을 펼쳤다. 이때부터 중국 인구는 기하급수적으로 늘어나기 시작했다. (중략) 이렇게 급증한 인구는 마오쩌둥이 바란 것처럼 '일하는 손'이 되어 주었다. 경제 개방 초기에 '메이드 인 차이나' 물품이 전 지구촌을 휩쓸 수 있었던 것은 거대한 저임금의 산업 생산력이 있었기에 가능했다. 이는 곧 고성장으로 이끌어 주는 견인차 역할을 하며 오늘날의 중국이 있게 했다.

– KBS 슈퍼차이나 제작팀, 〈슈퍼차이나〉

지금의 중국은 마오쩌둥과 달리 출산억제정책을 펼치고 있다. 중국이든 한국이든 그 어떤 나라든 시기나 상황에 따라 출산억제정책을 펼치기도 하고 출산장려정책을 펼치기도 하는 셈이다. 말하자면, 출산이라는 것은 단순히 가족 구조를 지탱하기 위한 하나의 수단으로만 존재하는 게 아니라 국가의 경제적·사회적 가치와 밀접하게 닿아 있는 요소 중 하나라는 점이다. 그렇다면 국가는 인구 구조나 사회 현실에 대한 냉철한 판단과 더불어 미래에 대한 예측을 바탕으로 경영의 초석을 다져야 할 것이다.

2012년 영국의 〈텔레그래프〉는 한국의 출산율이 1.19라며 대안을 마련하지 않으면 2750년에는 한국인이 멸종할 것이라 전했다.

멸종 이전에 치러야 할 기성세대의 죗값이 만만치 않으리라 보이는 가운데 특히 경제적인 차원에서는 일찌감치 취약한 구조를 드러내리라 본다. 로봇이 이미 인간의 일자리를 대체하는 사회가 도래했고 기술의 비약적인 발전으로 기존 사회 시스템이 붕괴될 여지는 있지만, 인구의 수와 인적 자원의 질이 자본주의 경제에서 중요한 변수가 되는 것은 사실이다. 낮은 출산율은 고령화와 인과 관계에 있고 그것은 필연적으로 생산 가능 인구의 감축으로 연결될 것이다. 노동 공급의 감소와 노인 부양 자금의 증가는 내수 시장이 위축되기에 충분한 개연성을 가지고 있고, 그것은 국가 경제의 총체적 위기로 다가올 것이다.

저출산의 멍에를 벗어나는 여러 방법이 존재할 수 있겠지만 그중 하나가 육아 휴직 제도를 온전하게 사용할 수 있는 사회적 분위기를 형성하는 데 있다. 최근 국가공무원법과 지방공무원법 개정안이 통과돼 남자 공무원의 육아 휴직 기간이 3년으로 연장되는 등 정책적 차원에서 많은 변화를 주고 있지만, 현실적으로는 활용 폭이 좁은 경우도 많고 일반 기업에서는 좋은 제도를 그림의 떡으로만 받아들여야 하는 경우가 많다. 출산휴가나 육아휴직과 관련하여 부당한 처우를 받으면 신고하는 제도가 있어도 회사는 경영 악화를 핑계로 권고사직을 하거나 기타 부당행위를 요구하며 심리적으로 압박하는 경우가 많기 때문이다.

김.제.동을 통해 학교교육의 답을 찾다

결국 계산기만을 가지고 표면적 실익을 따지는 기업의 논리로는 미래 사회를 대비하는 정책적 변화가 무색해지기 마련이다. 눈앞의 이익만을 좇거나 대의적 명분을 따르지 않는 경우 감수해야 할 사회적 비용에 대한 이해 없이는 좋은 제도도 그 빛이 퇴색될 수밖에 없다. 영국 버진 그룹의 리처드 브랜슨 회장이 육아휴직을 내는 직원들에게 1년 동안 월급 100%를 주는 유급 휴직 제도를 실시하겠다고 한 기저에는 늘 도전하고 모험하기를 좋아하는 그의 성향도 깔려 있겠으나 왜 직장에서 재밌으면 안 되는지를 늘 반문하는 그의 가치관을 통해 알 수 있듯 기업주가 직원들을 돌보면 직원들도 사업을 돌볼 것이라는 신념이 녹아 있는 것이다.

리처드 브랜슨 회장이 내세운 정책과 우리나라 기업들의 행태를 놓고 단순히 후자를 비교 열위에 놓으려는 의도가 아니라, 저출산을 바라보는 관점의 혁신이 필요하다는 점을 강조하려 한다. 협업과 연대가 중요한 성장 동력이 되는 시기에 편협한 사고에서 비롯되는 손익계산서를 만지작거릴 것이 아니라 사회적 비용을 적게 들일 지점이 어디인가를 모색하기 위해 사회적인 연대가 이뤄져야 하고, 그것이 육아휴직제도의 개혁을 대하는 인식의 개혁이 되는 것이다.

사회구성원들이 육아휴직에 대한 열린 마음을 갖추고 여러 기업이 적극적으로 이미지 쇄신을 꾀할 때 나비 효과로 인한 경제 구조의 재편도 노릴 수 있다. 기성세대들이 시대적 흐름에 합리적으로 사고하는 모습, 어떤 사안에 적절히 대처하는 세련된 모습을 보이면, 자라나는 세대들이 효과적으로 '학습'할 수 있음을 인식해야 한다. 또한 자라나는 세대들이 취약한 경제구조에 노출되도록 방치하지 않았다는 기성세대들의 판단력과 책임감이 그들에게 학습되는 사회도 만들어 주어야 한다.

육아휴직은 '교육'이고 '경제'이다.

6

기간제 교사에 대한 편협한 시선과 정책

‒ 세월호 기간제 교사 순직 인정되기를

　지난 2012년 6월, 서울중앙지법은 성과급과 관련하여 기간제 교사의 손을 들어 주었다. 공립학교 기간제 교사로 근무하며 성과급을 받지 못한 김 아무개 교사 등 4명이 국가를 상대로 낸 손해배상 청구소송에서 승소를 한 것이다. 재판부는 교육공무원법 제2조 1항을 예로 들어 교육기관에 근무하는 교원 및 조교는 모두 교육공무원에 해당한다는 점을 주시했다.

　아울러 기간제 교사에게 성과급이 지급되지 않는다면 일반 교사와 동일한 업무를 수행하고 있음에도 성과급 지급 기준인 '실적' 또는 '업무'와 무관하게 신분에 따른 불이익이 주어진 것이므로 차별이 될 수밖에 없다고 밝혔다. 같은 해 8월 교육과학기술부(교육부 전신)는 '기간제 교사가 제기한 성과상여금 미지급 소송 건과는 별개로'라는 단서를 달기는 하였으나 기간제 교사의 사기 진작과 공교육의 교육력 제고를 위해 2013년부터 성과급을 지급하겠다고 보도 자료를 발표했고 지금까지도 시행 중이다.

서울중앙지법 재판부가 판결문에 적시했듯 업무의 성격이나 종류에 있어 일반 교사와 기간제 교사 간의 차등이 존재하지 않으므로 기간제 교사에 대한 성과급 지급은 당연한 수순이다. 하지만 상대적 약자라 할 수 있는 기간제 교사가 무기력하기만 한 '기간제 및 단시간근로자 보호 등에 관한 법률' 대신 시간과 돈을 들여 소송의 과정을 거친 결과, 부적절한 대우로부터 벗어나 근근이 원칙을 얻게 된 셈이다. 교육공무원 임용후보자 선정 경쟁시험 당락에 따라 일반 교사와 기간제 교사 간의 구분이 존재한다면 그 구분에 따라 필연적으로 기간제 교사가 수용해야 할 '차이'는 인정해야 마땅하겠으나 적어도 성과급의 취지와 본질에 있어서는 일반 교사와 기간제 교사 간의 '차별'이 존재해서는 안 된다는 사실이 뒤늦게야 세상에 밝혀진 것이다.

편견과 차별, 오만과 담을 쌓고 평등의 가치와 공존의 미학에 대해 힘주어 말하여 숭고한 이념을 심어 주어야 할 교육 기관에서 그 교육 주체 중 하나가 그 가치로부터 철저하게 외면당한다면, 교육 수요자에게 비춰질 이 세상이 어떠할지 충분히 추론할 수 있다.

그럼에도 우리는 기간제 교사에 대해 균형과 원칙으로 다가서지 못했던 것이 사실이다. 몇몇 학교의 홈페이지에 들어가 보면 기간제 교사인 경우 직원 소개란에 '기간제'라 표시되어 있거나 휴직한 교사와 그 대리 역할을 맡게 된 기간제 교사의 이름이 병기된 경우가 있다. 사소한 것 같지만, 교육수요자가 기간제 교사 여부에 대해 알 권리를 주장하는 경우도 흔하지 않고 그들의 알 권리보다 교육주체로서의 기간제 교사가 고정관념으로부터 자유로운 상황에서 교육활동을 하는 것이 교육수요자들에게도 더 좋은 결과로 이어질 것이 분명하다는 사실을 놓쳐서는 안 된다.

기간제 교사가 담임 역할을 수행하는 것에 대한 시선도 곱잖다. 학급 담임 중 기간제 교사가 15%를 넘는다며 불편한 심기를 드러낸다. 언론 매체나 국정감사에서 이 자료를 해석할 때, 담임 역할을 수행하기에 갈수록 힘든 구조이기는 하지만 일반 교사들의 사명감이 더욱 요구된다는 식으로 매듭짓는 것이 옳을 텐데, 신분이 불안정하고 교육공무원 임용후보자 선정 경쟁시험을 통해 검증받지 못한 자가 담임을 이토록 많이 맡는 것은 문제라는 식으로 처리한다.

그 어떤 교사든 교원으로서의 자격을 가진 '교원자격증' 소지자이므로 담임 역할을 잘 맡을 수 있는지 여부는 그 교사의 신념과 철학, 의지와 열정에서 비롯되는 것이지, 고용 상의 처지나 특정 시험에서 관문을 통과했는지 여부는 중요하지 않다.

　기간제 교사에 대한 차별 문제는 세월호 참사 사건으로 다시 시험대에 올랐다. 세월호 참사로 인해 2명의 교사는 아직까지 실종 상태이고 9명의 교사는 목숨을 잃었다. 그중 7명의 정교사 유족들은 지난해 6월 순직 신청을 하여 인정받았으나 나머지 두 명은 순직 심사의 기회도 갖지 못했다. 그들이 기간제 교사라는 이유 때문이다. 평소 일반 교사와 기간제 교사 간 업무의 차이가 존재하지 않듯 그날의 그 아픔 속에서도 해야 할 역할은 다르지 않았을 것이고, 수행한 업무 또한 같았을 것이다.

　오랜 관행과 편견 속에 '기간제 교사이기 때문에'라는 명분으로, 다시 말해 공무원이 아니라거나 공무원연금법 대상자가 아니라는 이유로 순직 처리를 하지 않는다면 교육 활동 중 일어날 수 있는 절체절명의 상황에서 기간제 교사들에게는 어떤 지도 매뉴얼을 전달해 주어야 할까? 물론 순직 여부에 따라 학생들을 지도할 때의 자세가 달라져야한다는 것은 아니나, 순직 여부에 따라 자신의 생명에 대한 사고는 달라질 수밖에 없다. 우리는 비정규직으로서의 기간제 교사에게 인간의 기저에 깔린 생명에 대한 욕구와 본능을 억제시킬 자격은 없다.

인사혁신처는 기간제 교사가 공무원 시험을 거치지 않았고 학교 장과 근로계약을 체결한 계약직 근로자이기에 공무원연금법 적용 대상이 아니라는 입장을 보이고 있다. 하지만 교육공무원법 제32조 에서 기간제 교사도 교원으로 명시하고 있고 동법 제2조 1항의 내 용에서 기간제 교사도 교육공무원의 범위에 포함된다는 사실을 뒷 받침하고 있다. 또한 두 명의 기간제 교사는 공무원연금법 제3조에 서 규정한 '상시공무'에 종사하기도 했음을 간과해서는 안 된다.

단원고등학교 김 아무개 전 교장이 보건복지부에 제출한 '사고 당 시 상황보고서'에는 두 교사가 세월호 5층 객실에 있다가 제자들을 구하기 위해 4층으로 이동했고 결국 구조되지 못한 채 숨졌다고 언급 되어 있다. 정교사나 기간제 교사나 같은 교육활동을 수행한다는 사 실, 그 과정에서 급박한 상황이 발생할 경우 같은 위험도에 노출되어 있다는 본질을 간과한 채 인사혁신처나 교육부, 공무원연금관리공단 등 유관 기관이 유권해석에만 천착하면 비정규직의 처우를 개선하겠 다는 정치권과 정부의 메시지는 선거용 공염불에 불과하게 된다.

지난 25일 정의당 정진후 의원을 비롯하여 69명의 의원들은 두 명 의 기간제 교사의 순직 인정을 촉구하는 결의안을 발의했다. 을(乙) 의 슬픔과 고통을 거둘 수 있기를 진심으로 바란다.

7

인성교육진흥법을 발의한
기성세대들의 인성은?

– 작은 것부터 어른들이 모범을 보이는 사회가 곧 인성교육이 이루어지는 사회

지난 2014년 국회의원 100여 명이 발의한 인성교육진흥법이 만장일치로 통과된 가운데 며칠 전 본격적으로 시행되었다. 인성교육의 중요성을 체감하지 못하는 바는 아니나 오해를 불러일으킬 만한 내용도 더러 있었고, 운영의 묘를 살릴 방법론을 두고 논란도 많아 여러 매체에서 칼럼의 소재로 자주 활용하기도 했다. 논란의 정점에 있었던 개별 학생에 대한 인성수준 평가는 하지 않기로 했고, 교직원의 인성교육력 제고를 위해 연간 4시간 이상 연수받는 것을 의무화하기는 했다.

논란의 핵심은 무엇인지, 논란이나 오해의 소지를 줄이기 위해 발표한 내용이 무엇인지에 관한 논의는 이미 수많은 매체에서 다룬 바 있다. 하지만 인성교육이 이루어져야 한다고 힘주어 말하는 기성세대들의 인성은 어떠한지에 더욱 관심을 가질 필요가 있는 것 아닐까? 시스템이 체계적으로 갖추어졌다 할지라도 그것을 운용할 자질이나 역량이 부족한 자가 전권을 틀어쥐고 있으면 좋은 결과를 기대할 수 없기 때문이다.

지난 1995년에 운전면허 자격을 취득한 이래 늘 운전의 즐거움에 빠져 있는 나는 "처음에는 운전하는 게 즐겁지만 몇 해 지나면 달라질 거야."라는 주위 사람들의 당위적 보편성에 조소하듯 몇 년 전 1종 대형 운전 자격을 취득하여 퇴직 후에 유치원 버스를 즐거운 마음으로 운행하며 교육계에 계속 헌신할 것이라는 우스갯소리를 던지고 있다. 그렇게 즐거운 마음으로 운전하는 내게도 미간의 주름살을 안겨다 주는 일은 너무나 많다.

우리나라 운전자들 중 다수가 정형외과에서 팔 깁스를 막 마치고 나온 환자라는 생각이 들 정도로 방향지시등 사용에 인색하다. '잘 살아 보세'라는 구호를 외치며 앞만 보며 살아왔던 대한민국 특유의 근성(?)이 운전문화에도 스며든 것인지 모르겠으나 방향지시등을 켜지 않았을 때 뒤에 있는 차가 무고하게 감수해야 할 고통의 무게는 누가 감당할 것인가? 앞차가 방향지시등을 켜지 않은 채 방향을 급하게 전환하면 따르는 뒤차는 제동을 가할 수밖에 없고 그에 따른 경제적 손실을 겪게 될 터인데, 과실이 있는 자와 손실이 있는 자가 일치되지 않는 이 모순은 누가 해결해 줄 것인가?

신호를 예측하여 초록색 불로 바뀌기 직전이나 바뀐 직후에 앞 차량에 경적을 울리는 운전자, 창밖으로 가래침이나 담배꽁초를 버리는 운전자, 꼬리 물기를 하지 않기 위해 교차로에서 일정한 거리를 두고 운전하는 차량을 향해 경적을 울리는 운전자까지. 우리 주위에서 흔히 볼 수 있는 운전자들의 모습이다. 이들 중 인성교육진흥법을 발의한 국회의원이나 그들을 지지하는 사람들이 존재하지 말라는 법은 없다. 이들 가운데 인성교육의 중요성은 막연하게 인정하나 인성교육의 주체이기도 할 자신의 인성에 대한 고찰이 없는 자 또한 존재할 것이라 추론할 수 있다. 세월호 침몰사고가 발생했음에도 안전사고 예방에 대한 의식이 부족하고 패륜범죄나 학교폭력이 판치는 세상인데도 인성교육에 대한 의식이 부족하다며 대다수의 국민들이 강변하는 데 비해, 도로 위에서 방향지시등을 제대로 사용하는 사람은 채 절반도 안 된다는 사실이 근거로 작용할 수 있을 것이다.

어른들이 본보기가 되면 아이들의 인성은 자연스레 정상적인 궤도에 올려놓을 수 있을 것이라는 진실을 외면하고, 짧은 시간 내에 가시적으로 효과가 나타나야 직성이 풀린다는 정책입안자적 시선으로 인위를 진리인 양 포장하는 행태가 수위를 넘어서면 안 될 것이다.

어른들이 성숙한 운전 문화로 아이들에게 귀감이 되면 안전교육과 인성교육 두 마리 토끼를 동시에 사냥할 수 있을 것이다. 고마운 일이든 미안한 일이든 비상등을 깜박인다면 인성교육진흥법에 대한 격론 없이도 우리 아이들의 미래를 밝게 비출 수 있을 것이다.

비상등을 켜면 인성교육의 불빛이 깜박인다.

8

수포자를 줄이기 위한
정책이 글로벌 경쟁력 키우는 길

– 어려운 수학 문제 퇴출하여 수학교육 정상화 도모 –

태담태교나 동화태교, 음악태교는 들어 봤어도 '수학태교'는 처음 들어 봤다. 홍성대 선생의 『수학의 정석』을 풀어 보기도 하고 수학 관련 자료나 학습지를 두고 임신부들끼리 스터디 모임을 가지며 태교를 한다는 것이다. 평소 신뢰감 있던 지인이 던진 말이라 사실 관계에 대해 더 이상 의혹을 품지 않았으나 기행에 가까운 그런 행위를 일삼는 사람들이 더러 있다는 소식이 차츰 다른 사람 입을 통해서도 전해졌다. 임신부가 수학 문제를 풀면 뱃속 아이가 논리적으로 기민한 사고를 펼치리라 맹신하는 무지의 소산도 놀랄 만한 일이지만 '수학'이라는 특정 교과 하나가 대학 입시에 있어 엄청난 영향력을 행사하는 모순이 무지한 민중의 비행으로 이어진 것 같아 쓸쓸한 느낌을 지울 수가 없다.

철저한 자기반성, 수많은 질타와 비판 속에 교육과정이 재편되기는 하지만 우리 교육은 늘 균형을 이루지 못하고 국영수의 무게에 짓눌려 있는데, 그중 수학이 입시에서 절대적 영향력을 행사하기 때문에 수학에 대한 사교육 의존도는 상대적으로 더 크다고 할수 있다. 수학이 대입에서 당락을 좌우하는 척도가 되기에 제한된 시간 내에 가시적인 성과를 얻으려 하는 학부모가 사교육의 유혹에 빠져드는 것이 어색하지는 않지만, 왜 수학이 그렇게 큰 비중을 차지하게 되었는지에 대한 생각 또한 버릴 수 없다.

수학(數學)능력은 곧 수학(修學)능력이라 말할 수 있을 정도로, 논리적 사고의 깊이를 판단하기에 수학 점수만 한 것이 없고 그러하기에 수학 과목이 입시에서 중요하다는 논리로 귀결된다. 보편적 사고나 정황에 입각한 사고로는 이 논리가 정답일 수도 있겠으나, 수학과 교육과정의 면면을 살펴보고 학교현장에서 수학 수업이 이루어지는 모습을 관찰해 보면 수학과 교육과정의 내용이나 범위가 잘못 설정되었기에 대학 입시에서 수학 과목이 결정적인 역할을 수행한다는 다소 엉뚱한 결론을 얻게 된다.

지난 5월 열린 '6개국 수학 교육과정 국제비교 컨퍼런스'에 참석하지 않은 사람이라도 우리나라 초·중·고 수학 교육은 지나치게 양이 많고 잔인할 정도로 어려운 내용으로 구성되어 있음을 알고 있다. 교육 시기나 그 기간에 어울리지 않게 방대한 양을 다루려면 속진이 불가피하고, 그 속진은 이른바 '똘똘이'를 가려내는 데 좋은 기제로 작동하기 때문에 학생들의 경쟁력이 어디에서 형성되는지 또한 대학 입학 담당자들의 관심이 어디를 향할지는 불을 보듯 뻔한 것이다. '고등학교 수학과 교육과정'에서 3개년 간 어떤 내용을 배우는지 소개하고 있고 대학수학능력시험에서 수학 시험 범위를 운운할 때도 '고교 교육과정 3년'을 떠나지 않지만, 실제 학교 현장에서는 3학년이 채 되기도 전에 3개년 교육과정을 소화해 내어야만 입시에 대응할 수 있다는 불편한 진실 또한 우리나라 수학 교육의 정체성을 돌아보게 한다.

수학교육의 본질이 왜곡되어 있으니 수학을 포기하는 학생들, 일명 '수포자'가 많이 발생한다는 내용을 바탕으로 어제 '2015 교육과정 개정 2차 공청회'가 열렸다. '사교육걱정없는세상'과 새정치민주연합 박홍근 의원이 전국 총 9,022명(초등 6학년 2,229명, 중학 3학년 2,755명, 고등 3학년 2,735명과 현직 초중등 수학교사 1,302명)을 대상으로 수학교육과 관련한 인식 조사를 실시했는데 초등학생 36.5%, 중학생 46.2%, 고등학생 59.7%가 수포자로 집계된 것이 공청회에서 발

김.제.동을 통해 학교교육의 답을 찾다

표된 개정안의 씨앗인 셈이다. 수학과 교육과정 연구진은 쉽게 가르치고 쉽게 출제하자는 차원에서 개정되는 교육과정 지침에 '교수학습유의사항'과 '평가유의사항'이라는 가이드라인을 내세워 2018년부터는 어려운 수학 문제를 원천적으로 차단하고자 했다.

또한 고등학교 공통 수학에서는 미지수가 3개인 연립방정식과 부등식의 영역이 삭제되고 선택과목 중 '수학 II'에서는 미적분의 핵심원리를 쉽게 이해할 수 있도록 내용을 줄였다. '확률과 통계'에서는 '모비율'을 삭제하기로 했고, '기하와 벡터'에서는 공간벡터를 삭제하기로 했다. 중학교 수학에서는 원주각의 활용 부분을 삭제하기로 했고, 연립일차부등식을 고등학교에서 가르치는 형태로 바꾸고자 했다. 초등학교 수학에서는 분수와 소수의 혼합 계산을 삭제하기로 했고, 실생활에서 활용도가 떨어지는 넓이 단위인 아르(a)와 헥타르(ha)를 없애기로 했다.

이와 같이 수학교육에 긍정적 신호가 울리는데도 수학 과목이 지나치게 쉬워지고 학습량이 줄어들면 하향평준화가 될 수도 있으며 글로벌 경쟁력이 떨어진다고 비판하는 사람들이 있다.

모든 학문이 그러하겠지만 특히 '수학'이라는 학문이나 교과 자체가 범위를 줄이거나 내용을 축소한다고 해서 마냥 쉬워질 수 있을 만한 것은 아니다. 존재 자체가 논리적 연결 고리로 형성된 것이기에 끈 하나를 놓치면 계속 어려워질 수밖에 없는 것이 수학의 특징이기도 하다. 다만 많은 것을 투입하면 그만큼 많이 산출할 수 있으리라는 구시대적 발상에서 벗어나 효과적으로 투입하자는 것이 이번 개정안의 요체이고, 거기에 따라 발생하는 또 하나의 수포자는 납득할 만한 수준에서 개인의 역량 부족이나 의지 부족으로 묶을 수 있어야 한다는 것이다.

말하자면 '2×5=10'이라는 사실에서 학생들로 하여금 '20×50=1000'이라는 원리와 '10÷5=2'라는 연산 관계를 이해할 수 있게 하면 되는 것이지, 군이 '28×58'의 정답을 요구하지는 말자는 것이다. 복잡하고 많은 내용을 전달하여 대다수의 학생들이 정신적으로 피폐해지고 자존감이 붕괴되는 것이 글로벌 경쟁력을 높이는 길인지, 아니면 속진에 쫓기지 않은 채 필수적인 내용과 개념만을 심어주고 스스로 생각할 수 있는 시간과 여유를 주는 것이 글로벌 경쟁력을 높이는 길인지 생각해 볼 일이다.

또한 개정의 초점이 잘하는 아이들이 아닌 못하는 아이들에게만 맞추어져 있다고 비판하는 사람들에 대해서는 '못하는 아이'를 양산하는 시스템이 옳은 것인지에 대한 고민이 필요하다고 조언하고 싶다.

김.제.동을 통해 학교교육의 답을 찾다

이번 개정안이 바람직한 수학교육의 출발점이 되기를 바란다. 그러기 위해서는 초등학교에서의 비례식 문제, 중학교에서의 산포도, 고등학교에서의 심화 미적분 부분에 관한 논의도 다각적으로 이루어져야 할 것이다. 더불어 학부모나 사회로부터 인식 변화를 이끌어 내야 할 것이다.

미래사회의 화두는 창의성이고 그 창의성은 주체적 사고에서 기인하며,
주체적 사고의 바탕에는 쉼의 미학이 빠질 수 없다

PART
02

유명인사를 통해 찾은
학교교육의 답

Search for answers

1

김제동을 통해 학교교육의 답을 찾다

  지금은 고등학교 교사로서 학생들의 꿈과 희망이 무엇인지 알기 위해 다가서려 하고 있지만, 예전에는 이벤트 사회자가 되어 마이크와 친하게 지내고 싶었던 적이 있다. 마이크 하나로 사람들을 울렸다가 웃겼다가 그야말로 혼을 다 빼놓는 김제동의 진행을 내 고향 대구에서 자주 보았기 때문이었을 거다.

  내게 선망의 대상이었던 김제동은 학창시절 교사가 되는 게 꿈이었다고 한다. 일필휘지로 판서를 하고 중요한 부분을 설명할 때 칠판을 두들기며 마지막에 분필이 묻은 손을 후 하고 부는 국어 선생님의 모습이 서부의 총잡이 같아 좋았다고 한다.

그런 그가 우리 학교사회에 있다면 어떻게 되었을까? 폐쇄적이고 관료적인 조직에서 또 하나의 희생양이 되었을까? 아니면 '나비 효과'의 원천이 되었을까? 가정(假定)은 부질없는 짓이기도 하겠지만, 어떤 상황에 대처하기 위한 방법의 다양성으로 귀결되기도 할 테니 잠시 김제동을 학교로 불러 보려 한다.

대학수학능력시험을 마친 일반계 고등학교 3학년 교실. 돗자리를 깔고 포커나 고스톱을 치는 모습이 언론을 통해 보도되면 온갖 질타는 학교나 교사로 이어진다. 교육청은 수능 이후에도 교육과정 정상화가 이루어져야 한다며 공문을 보냈으니, 제 할 일 다했다는 입장이다.

정말 학교나 교사가 좌시하고만 있었을까? 대학수학능력시험의 범위는 고등학교 전 교과 과정이라 명시되어 있기에 시험 이후에 교과 수업을 진행할 내용 요소도 없고 이른바 진도를 나가는 순간 모순이 발생한다.

설령 교과 수업을 진행한다 할지라도 어떤 학생이 듣겠는가? 결국 학교는 법적 수업 일수와 시수를 채움과 동시에 학생들에게 유익한 시간을 만들어 주기 위해 각종 교육프로그램을 만든다. 운전면허, 이미지 메이킹, 다문화, 통일·안보, 영어, 요리 등 특강을

김.제.동을 통해 학교교육의 답을 찾다

마련하여 사회인으로서 도약하기 위한 초석을 마련해 주려고 한다.

하지만 이제껏 예속되기만 했던 수험생들에게는 이마저도 부담으로 다가오는지 초대한 강사를 뵙기에 겸연쩍을 정도로 난잡한 장을 만들어 버린다. 조용하게 있을 테니 교실에서 스마트폰을 만지게 해달라며 원성이 잦을 뿐이다. 학생들의 이러한 요구에(,) 열심히 프로그램을 준비한 사람으로서의 박탈감도 크고 화도 나지만, 수험생들의 입장을 고려하지 않을 수도 없는 노릇이다.

김제동이 교육정책 입안자라면 어땠을까? 김제동은 변혁적 마인드를 통해 시대의 흐름을 읽어 내고 새로운 시대가 관통해야 할 곳은 어디인지 찾아내려 노력하는 사람이다. 그는 사람들이 주로 어떨 때 웃느냐는 질문에 "익숙하지 않은 상황이 발생하거나 참신한 발상이 표출될 때 웃는다."고 말한다. 고정되어 있는 것은 절대 웃음을 줄 수 없고 끝없이 변해야 웃음을 줄 수 있으므로 그것은 혁명과도 같다고 했다.

거대 담론에서 추구하는 혁명이 아니다. 구태의연한 사고에서 벗어나 새로운 것에 의미를 부여할 줄 아는 것이 혁명일 테고 그것이 곧 고3 교실의 변화를 이끌어야 할 교육정책 입안자들의 몫이다. 허울 좋게 교육과정 정상화 관련 공문만 하달할 것이 아니라,

학생들의 기운을 확 끌어올 만한 특강 인력풀을 구축하거나 고등학교 3학년만 수업일수를 축소 조정하는 등 고3 교실의 변화를 위한 특단의 조치를 마련해야 할 것이다.

졸업식은 30년 전이나 지금이나 달라진 게 없다. 졸업식에 있어 주인공이어야 할 학생들은 행사의 주체가 되지 못하고 맹목적 수용자로 전락한다. 학교장이 '읽는' 훈화를 장시간 들어야 하고 그것도 모자라 학교운영위원장을 비롯하여 내빈들의 축사를 '강제로' 들어야 한다.

학생들에게 좋은 뜻을 전하려는 취지까지 비판하고 싶지는 않지만 졸업식의 주체들은 그러한 '말씀'에 관심이 없다. 이제까지의 추억을 돌이켜 볼 수 있는 자리, 친구들과 마지막 정담을 나눌 수 있는 자리로서 졸업식에 참여한 것이고 의례로서의 행사가 아니라 진정성 있는 쌍방형 소통의 장으로서 행사를 맞이하고 싶어 한다. 일방적 전달이 아니라 '서로', '함께' 즐기려 한다.

김제동이 학교장이라면 어땠을까? 김제동은 "여러분은 3억 대 1의 경쟁을 뚫고 난자의 선택을 받은 분들"이라고 말하며 인간의 존엄에 대해 생각하는 사람이다. 공감하는 자세, 연민하는 모습을 통해 마이크 하나로 관객의 마음을 흔들 줄 안다. SNS를 통해 수많은 사

김.제.동을 통해 학교교육의 답을 찾다

람들과 소통하려 하고 이 시대의 아픔에 대한 고민을 나누려 한다. 그런 그가 학교장이라면 가급적 많은 학부모가 졸업식에 참석할 수 있도록 저녁에 행사를 추진할 것이다. 일부 상 받는 아이들만 존재감을 가지는 행사에서 탈피하여 졸업식의 주인공 이름 하나하나를 추억 영상의 자막으로 넣어 줄 것이다. 어른들이 듣고 싶은 답이 아닌, 아이들이 하고 싶은 말을 할 수 있도록 마이크를 건네주는 졸업식을 기획할 것이다.

김제동은 말한다.

"사람들은 네잎클로버를 따기 위해 세잎클로버를 밟아요. 세잎클로버 꽃말이 행복이라지요. 그들은 행운을 잡기 위해 수많은 행복을 짓뭉개고 있는 겁니다."

우리 교육은 철저하게 네잎 클로버를 따기 위한 식으로 진행되었는지 모른다. 그러는 동안 잃게 되는 행복한 시간들을 생각하지 못한 채 말이다. 대안학교를 설립하는 것이 꿈이라는 김제동. 그가 숨 쉬는 학교는 어떤 모습일지 자못 기대된다.

- 2015. 3. 26. 오마이뉴스

2

김창완을 통해 학교교육의 답을 찾다

너의 그 한마디 말도 그 웃음도

나에겐 커다란 의미

너의 그 작은 눈빛도 쓸쓸한 뒷모습도

나에겐 힘겨운 약속

너의 모든 것은 내게로 와

풀리지 않는 수수께끼가 되네

슬픔은 간이역에 코스모스로 피고

스쳐 지나온 넌 향긋한 바람

나 이제 뭉게구름 위에 성을 짓고

널 향해 창을 내리 바람 드는 창을

아이유가 리메이크 앨범을 발표한 덕에 〈너의 의미〉라는 곡으로 학생들과 감성을 공유할 수 있어 무척이나 다행스러운 일이지만 김창완의 목소리가 더욱 그리운 것은 사실이다. 교직에 몸을 두었다면 정년퇴직이 코앞일 그일 테지만 소년의 모습과 감성으로 가득한 김창완이 보고 싶은 것은 낯선 일이 아닐 것이다. 무지개다리에서 자신의 몸을 선율에 맡기고 있는 동화 속 소년과도 같은 모습이 내가 그를 사랑하게 된 계기이기도 하다.

하지만 김춘수 시인의 〈꽃〉이라는 문학 작품을 놓고 수업을 할 때 〈너의 의미〉라는 곡과 관련지어 토론 활동을 시키는 데 있어 그가 적극적인 자료 제공자라는 생각이 그를 더욱 가까이 하게 한다.

김창완은 그룹 '산울림'의 멤버로, 〈아니 벌써〉라는 곡으로 1977년 데뷔했다. 2008년 1월, 산울림의 멤버이자 동생인 김창익이 불의의 사고로 운명을 달리하면서 '김창완 밴드'로 이름을 바꾸어 활동하고 있는 그는 그동안 〈나 어떡해〉, 〈어머니와 고등어〉, 〈내 마음에 주단을 깔고〉 등 수많은 히트곡을 탄생시키며 가수로서의 존재감을 과시했다. 또한 연기자로서의 재능을 발휘하기도 하고 1978년 TBS 〈7시의 데이트〉를 시작으로 30년 넘게 라디오 프로그램을 진행하고 있기도 하다.

2000년 10월부터 진행하고 있는 SBS 라디오 〈아름다운 이 아침, 김창완입니다〉에서는 매일 본인이 오프닝 멘트를 준비한다고 한다. 작가가 써 주는 이야기를 '읽는' 것보다 본인이 출근길에 만난 사람들 이야기를 생동감 있게 '전하는' 일이야말로 청취자들과 교감할 수 있는 길이라 판단하기 때문이라고 한다. 직장 생활이 너무나 힘들어 스트레스를 받고 있는 청취자에게 손편지를 보낸 일은 유명한 일화이다.

"안녕하세요? 김창완입니다. 뼈가 드러나게 살이 빠지셨다니 제가 다 안쓰러운 기분이 듭니다. 근데 너무 예민하셔서 그런 것 같아요. 완벽주의거나 세상살이라는 게 그렇게 자로 잰 듯 떨어지지 않습니다. 좀 여유롭게 생각하세요. 제가 지금부터 동그라미를 여백이 되는 대로 그려 보겠습니다. 마흔 일곱 개를 그렸군요. 이 가운데 V표시한 두개의 동그라미만 그럴 듯합니다. 회사 생활이란 것도 47일 근무 중에 이틀이 동그라면 동그란 것입니다. 너무 매일 매일에 집착하지 마십시오. 그렇다고 동그라미를 네모라고 하겠습니까, 세모라고 하겠습니까? 그저 다 찌그러진 동그라미들입니다. 우리의 일상도……."

김창완이 학교장이라면 어떨까? 단순하게 기계적 관계망을 확산시킬 뿐이라 비판받기도 하는 SNS의 허위와 허울이 아니라 꾸준함

김.제.동을 통해 학교교육의 답을 찾다

과 진정성을 바탕으로 한 소통 능력을 가지고 있기에 민주적 학교 문화를 만들어 가는 데 큰 역할을 발휘했을 것이다.

적어도, 공부를 열심히 하지 않은 학생들이기에 예산으로 편성되어 있는 고3 학생 합격 기원용 떡 선물비 집행 기안 자료에 결재를 할 수 없다는 교장은 되지 않을 것이다.

적어도, 교직원회의에서 자신의 생각과 배치되는 견해를 드러냈다고 하여 회식 자리에서까지 술잔을 제대로 부딪치지 않는 교장은 되지 않을 것이다.

김창완은 3집 앨범을 통해 〈중2〉라는 노래를 발표했다. 예쁜 아이들도 많지만 눈살을 찌푸리게 하는 중학교 2학년 학생들이 많아 미운 마음에 이 노래를 만들게 되었다고 운을 뗀 그는 따지고 보면 '중2'에 '병'이라는 말을 붙이고 있는 기성세대들이 큰 잘못을 저지르고 있는 것이라 자성한다. 한발 물러서서 생각해 보면, 중2라는 나이는 보편적으로 나밖에 모르고 내가 최고라 생각하는 시기이며 그것은 자기정체성을 확립하고 사회 속에 동화되는 과정이라는 것이다. 자기 모습을 찾아가고 자기 위상을 확립해 가는 시기의 한시적인 모습을 두고 어른들이 '중2병'이라 명명한 것은 하나의 편견이고 폭력이기에 그런 중2들에게 용서를 구하는 마음으로 이 노래에 새로운 의미를 부여했다고 한다.

갑자기 몇 해 전 내 딸아이의 말이 오버랩 된다. 증조모의 제사상에 놓였던 산적이 맛있었던지 아빠는 언제 죽을 것인지 아빠 제사는 언제 있을 것인지 물었던 기억이 난다. 네 살짜리 어린아이의 눈과 마음으로는 제삿날은 곧 맛있는 음식을 먹는 날이라는 등식이 성립했을 것이다. 초등학교 2학년으로 자란 딸아이가 지금 그런 말을 한다면 그런 망언이 어디 있느냐며 야단했겠지만, 네 살짜리 딸아이를 바라보며 빙긋 웃기만 했던 그 '거리'를 이 세상의 중2들에게 둘 필요도 있지 않을까?

중학교 2학년생들에게 적당한 거리두기를 할 줄 아는 김창완이 그들의 담임교사라면 어땠을까? 김창완은 3집 앨범을 발표하며 "세상은 희망과 소통을 강조하지만 그런 바람은 희생과 용서의 반석 위에서만 이루어질 수 있다고 생각합니다. 희생 없는 희망 없고 용서 없는 소통이 없다는 생각으로 시대의 외침을 대변하고자 했습니다."라 했다. 그의 가치관이 어떤 조·종례로 이어질지 생각하는 것만으로도 뿌듯한데, 혹시나 자신의 곡을 리메이크한 아이유에게 들려주었던 말을 열다섯 청춘들에게도 전하지 않았을까?

"널 둘러싼 사람들의 울타리에 갇혀 있지 마. 그 담장을 넘어 다

른 데로 가도 돼. 아직 너의 꿈을 담을 다른 그릇도 많다는 걸 알아
야 해."

－ 2015. 4. 13. 오마이뉴스

유명인사를 통해 찾은 학교교육의 답

79

3

이승엽을 통해 학교교육의 답을 찾다

'라이언 킹', '국민타자', '합법적 병역 브로커'

　한국 야구사에 신적인 발자취를 남긴, 그리고 이어 갈 이승엽의 별명이다. 얼마 전 시작된 2015 타이어뱅크 KBO 리그에서 케이티 위즈 파크 개장 1호 홈런을 날린 그는 일본 무대에서의 159홈런을 포함하여 한·일 통산 550 홈런을 기록했다. KBO 리그 최초의 400홈런 달성까지 9개만을 남겨 둔 불혹(不惑)의 사나이, 그런 그가 중학교 '진로와 직업'이라는 교과서에 등장했다는 사실은 크게 놀랄 일도 아닌 것 같다.

1976년 대구에서 태어난 이승엽은 초등학교 4학년 때 야구를 시작하여 경상중학교, 경북고등학교를 거쳐 삼성라이온즈에 투수로 입단했다. 하지만 고등학교 시절의 어깨 부상이 악화되어 투수로서의 역할을 수행하기에 힘들었던 그는 한시적으로 타자 전향의 모험을 감행했고, 백인천 전 삼성 감독에게서 외다리 타법을 배웠다.

그것이 그의 야구 인생에 변화를 가져다주고 한국 야구사에 새로운 전환점이 될 줄 누가 알았겠는가? 그는 1995년 13홈런, 1996년 9홈런으로 예열을 하기 시작하여 1997년 홈런 32개로 홈런왕에 올랐으며 1999년 54홈런, 2003년에는 56홈런을 치며 명실상부한 대한민국 최고의 타자가 되었다.

2003년에 56개의 아치를 그리고 2015년에 KBO 리그 최초 400홈런 고지를 앞둔 이승엽이 우리학교 교사라면 아이들은 얼마나 행복할까? 이승엽은 국민타자로서 위상이 높기 때문에 학생들에게 상징적 존재로서 의미를 부여하기 좋을 것이다.

하지만 그것보다 보편적 타당성에 근거했을 때 야구선수로서의 삶을 천천히 마무리해야 할 나이임에도 불구하고 자기 자신을 '한계'라는 공간에 가두지 않는 그의 불굴의 의지와 도전 정신, 변화에 대처하는 현명한 판단력이 그를 초빙하고자 하는 근본적 이유라 볼 수 있다.

나이가 들면서 자연스레 순발력이 떨어졌다는 사실을 인지한 이승엽은 스트라이드(stride)에 변화를 주고 공을 치는 순간 무릎 각도를 조정하며 배트의 위치를 이전과는 달리 가져갔다. 그의 명성이나 업적, 나이 등을 고려해 볼 때 타자로서 혁신적 변화를 추구한 것이다. 어설프게 타격 자세를 수정했다가는 이제껏 자신이 쌓은 명성이 물거품으로 돌아갈 가능성이 높음에도 더 나은 경지로 끌어올리기 위한 노력을 게을리하지 않았다는 점은 교육 현장에 시사하는 바가 크다.

다섯 개의 선택지 중에서 흔히 '정답'이라 불리는 매력적인 녀석을 빨리 찾을 수 있느냐가 교육의 목표였던 시기가 있었다. 어쩌면 지금도 엄연하게 존재하는 사실일지 모른다. 그러나 사실 너머의 진실을 바라보려 한다면, 민주적 자치 공동체와 전문적 학습 공동체에 의한 창의 교육이야말로 다가올 시대에 우리 학생들이 역동적으로 살아갈 방법임을 부인할 수 없을 거다.

중요한 것은 미래 사회가 요구하는 인간상과 현실적·제도적 여건 간의 간극(間隙)을 확인하는 것으로 만족해서는 안 되고 그 틈을 좁히기 위해 노력하려는 자세가 필요하다는 것이다. 이승엽이 마흔의 나이를 핑계로 기존의 스윙 궤도를 그대로 가져갔다면 젊은 시절의 영광을 맞이하지 못했을 것이다. 그렇듯 교사가 미래 인재상에 대한 성찰 없이 매너리즘에 젖어 계속해서 본인의 수업 방식을 고수한다면 학교사회에 긍정적인 결과가 만들어지리라 예견하기 힘들 것이다.

기존의 일자리를 갉아먹는 기술의 진화가 도처에서 일어나고 있고 정보가 정보를 낳고 변화가 변화를 주도하는 혼란기에 '협력'이 아닌 '경쟁'의 키워드만 주입하고 있는 교육을 떨쳐야 한다. 서로 어우러져 사는 길이야말로 함께 살아날 수 있는 길임을 교사가 가르쳐야 한다. 교사는 '민주적 의사 결정 기구로서의 학교'를 학생들에게 건네줘야 하고 수업 속에서 다양성을 맛보게 해 줘야 한다. 수업을 하는 교사는 자신이 어떤 지식을 전수했는지에 초점을 두지 말고 학생들의 배움이 어디에서 일어나고 있는지를 관찰해야 한다. 교장이나 교감은 교사가 수업하는 '장면'을 관찰할 것이 아니라 학생들의 '변화'를 관찰해야 한다.

이승엽의 'KBO 리그 최초의 400홈런'을 능가할 선생님을 만나고 싶다. 변화된 현실의 그라운드에서 스윙의 궤적을 어떻게 바꿨기에 속박과 제약의 펜스를 넘겨 희망의 홈런을 쏘았는지 묻고 싶다.

– 2015. 4. 3. 오마이뉴스

4

박명수를 통해 학교교육의 답을 찾다

'십잡스(10jobs)'

개그맨으로서, 가수로서, DJ로서, 또 탈모 시장의 사업가로서 종횡무진 활약하고 있는 박명수를 두고 동료 유재석이 붙인 별명이다. 듣기에 따라 욕 같기도 하여 불편할 법도 한데, 막상 박명수 본인은 스티브잡스의 느낌이 살아 있다며 흡족해한다.

디지털 문화의 창조자라 할 수 있는 스티브잡스, 그리고 박명수. 다소 무리한 비교일 수도 있겠으나 비견될 수 없는 존재끼리의 조합이 우리에게 안겨 주는 신선함을 만끽하기 위해서 그들의 닮은 꿈을 찾으려는 노력도 꽤나 즐거울 듯하다. 따지고 보면 마흔 다섯 나이에 TV 출연료만 9억 가까이 버는 박명수 입장에서는 자신에게 황무지와도 같은 분야에 굳이 덤벼들 필요가 없을 것이다. 하지만 개그맨으로서 '잘할 수 있는 일'에만 매진하는 것이 아니라 가수로서, DJ로서 '좋아하는 일'을 하며 삶의 진중한 가치를 얻어 내는 일은 존경할 만하고 그것은 일면 스티브잡스의 'Stay hungry, Stay foolish'와 맞닿아 있다.

"곧 죽게 된다는 생각은 인생에서 중요한 선택을 할 때마다 큰 도움이 된다. 사람들의 기대, 자존심, 실패에 대한 두려움 등 거의 모든 것들은 죽음 앞에서 무의미해지고 정말 중요한 것만 남기 때문이다. 죽을 것이라는 사실을 기억한다면 무언가 잃을 게 있다는 생각의 함정을 피할 수 있다. 당신은 잃을 게 없으니 가슴이 시키는 대로 따르지 않을 이유도 없다."

스티브잡스가 스탠퍼드 대학교 졸업식에서 남긴 말이다. 힘들고 가난했던 어린 시절을 지나 개그맨으로서 길고 긴 무명 시절을 보냈음에도 꿋꿋하게 일어서서 여러 분야에서 보란 듯이 개간해 나가는 박명수의 모습을 보면 '잃을 게 없으니 가슴이 시키는 대로 따른' 자의 내공이 느껴진다. 그런 그가 세상에 존재하는 격언이나 속담을 두고 패러디한 것을 보면 스티브잡스가 말하는 '혁신'이라는 것이 우리 생활에 가까이 있는 것임을 다시금 체감하게 된다.

  "늦었다고 생각할 때가 늦은 거다."
  "즐길 수 없으면 피하라."
  "가는 말이 고우면 상대가 얕본다."
  "성공은 1%의 재능과 99%의 백."
  "티끌 모아 티끌."

  늦었다고 인식한 것 자체가 행동의 즉각적 변화로 이어질 수 있기에 '늦었다고 생각할 때가 가장 빠른 때'라는 텍스트가 탄생했겠지만, 냉철하게 생각해 보면 일찌감치 어떤 일에 착수하지 못한 사람의 낮은 성공률을 두고 희망 고문을 할 필요가 있겠냐는 결론에 이른다. 이러한 비틀기가 오히려 사람들에게 더욱 분발하라는 메시지로 전달될 수 있을 것이다.

  박명수는 미국의 한 심장 전문의가 마음의 짐을 더는 방법으로 '피할 수 없다면 즐기라'고 던진 메시지를 묘하게 바꾸어 버린다. 그가 한 강연에서 말했듯 앞으로는 '취미'와 '본업'의 구분이 모호한 사회, 직업혁명의 물결 가운데 로봇과 경쟁하지 않는 군에 속하면서도 자신이 즐길 수 있는 일을 해야 살아남을 수 있는 사회가 올 것이다.

김.제.동을 통해 학교교육의 답을 찾다

그렇다면 그가 말한 '즐길 수 없으면 피하라'는 메시지는 본인의 기호나 성향, 취미와 무관한 것들에 대해 적절한 거리두기를 시사(示唆)하는 셈이다. 생계를 감당할 수 있는 일, 열정을 꿈틀거리게 하는 일, 장점을 극대화할 수 있는 일 가운데 최적점이 어디일지 고민할 수 있는 여지를 준다는 점에서 박명수의 '낯설게 하기(Defamilarization)'는 훌륭한 장치이다.

'가는 말이 고우면 상대가 얕본다'는 말로 처세술이나 인간관계에 있어 새로운 조명을 시도한 점, '성공은 1%의 재능과 99%의 백'이라는 말과 '티끌 모아 티끌'이라는 말로 사회·경제의 한 단면을 보여 준 점 등은 우리에게 많은 걸 느끼게 해 준다. 함의(含意)의 가치 유무에 관한 진부한 논쟁만 제거한다면 패러디 자체가 '지금, 여기'에 대한 냉철한 인식에서 비롯되었을 것이기에 그것만으로도 스티브잡스 곁에 박명수를 세울 수 있는 논거가 성립된다.

이어령은 자신의 저서 〈생각〉에서 아트 슈피겔만의 책〈쥐〉에 표현되는 쥐는 전염병의 온상이고 위험과 불결 등의 수식어를 대변했으며 심하게는 시련의 역사를 상징하기도 했다고 밝히고 있으나 해맑게 웃고 있는 미키마우스의 얼굴에서 하수구를 떠올릴 사람은 없을 것이기에 월트디즈니의 '남과 다른 생각'이 엄청난 부가가치를 만들어 낸 셈이라고 말한다.

박명수가 이 책의 한 페이지에 실렸어도 괜찮겠다는 생각을 나만 하고 있는 건가? 박명수가 학교 현장에서 글쓰기 교육의 강사로 활약하는 것도 좋겠다는 생각을 나만 하고 있는 건가?

"일찍 일어나는 새가 피곤하다."

박명수가 남긴 '명언'이다. 일찍 일어나는 새가 경우에 따라서는 벌레를 많이 잡을 수도 있고 많이 못 잡을 수도 있다. 일찍 일어난다는 이유만으로 벌레를 많이 잡을 수 있다고 강변하기에는 현대사회의 다양성과 예측불허성이 그것을 뒷받침하지 못한다. 일찍 일어나는 것 자체가 미덕이고 일찍 일어나는 일이 벌레를 많이 잡기 위한 선결 조건인 것처럼 획일적으로 몰아붙이는 행태에 제동을 걸어야 할 시점이다.

지난해 9월 경기도에서 시행한 '9시 등교제'가 올해부터 서울과 인천 등 수도권 전체로 확산되었다. 학생들의 수면 시간을 늘려 주고 아침 식사 시간을 보장해 주는 데 큰 의의를 두는 정책이다. 충분히 잠을 잔 아이들이 집중력을 크게 발휘할 수 있고 기민한 정신을 유지할 수 있다는 미국 켄터키대학 연구팀의 힘을 빌리지 않더라도 학생들이 보편적 인권을 실현할 수 있게 도와주는 최소한의 장치라는 점을 인식할 수 있을 것이다.

등교 시간을 정하는 것은 학교장에게 위임된 권한이라며 초중등 교육법시행령을 근거로 '9시 등교'를 반대하는 교장이 많다. 학생들의 학습력이 떨어질 것이라는 어설픈 예측을 핑계로 기존의 사고를 바꾸지 않으려는 교장, 교감, 교사도 많다. 교육의 본질을 직시하고 있는 '부모'의 목소리보다 수능의 논리에 갇힌 '학부모'의 목소리가 클 때가 더욱 많다.

OECD 평균 학생 학습 시간이 주당 33.92시간인데, 우리나라는 49.43시간이라고 한다. 핀란드 학생들은 하루 평균 6시간 6분을 공부하지만 학업성취도에서 한국과 차이가 없다. 몰입하는 능력을 키우고 효율적인 방법을 찾는 것이 더욱 현명한 판단이 될 터인데 이들은 본질을 놓치고 '노동'만 강요하는 것은 아닌지 생각해 보아야 할 것이다.

딱딱하고도 모난 의자에 앉아 오전 7시 50분부터 자율학습이 '강행'되는 구조에 내팽개쳐진 아이들에게 '교사'인 나는 교장의 눈치를 보며 잠을 깨운다. '선생'으로서의 본질에 충실하지 못하고 '교사'라는 직업군에서의 역할에 영합하는 내 모습 또한 '학부모'와 무엇이 다른가?

하지만 이제는 바뀌어야 한다. 학생, 학부모, 교사 교육의 3주체가 생각을 바꾸어야 한다. 효율이 무엇인지, 선택과 집중이 무엇인지, 다가올 시대의 패러다임은 무엇일지 생각해야 한다. 학생들의 활발한 두뇌 활동을 위해서, 학생들의 건강권을 위해서 '9시 등교'의 당위성을 뒷받침할 수 있는 사회 구조도 만들어야 한다. '9시 등교'만의 국한된 문제로 바라보는 것이 아니라 맞벌이 부부를 고려한 '유연근무제'까지 연계하여 사회적 타협과 인식의 변화를 끌어내야 한다. 저출산 고령화 시대, 생산 인구로서 중추적 역할을 맡을 청소년들에게 건강권을 돌려주고 학습의 효율을 높일 수 있는 정책을 만드는 일은 선택이 아니라 필수라는 점을 간과해서는 안 된다.

박명수가 교육대통령이 되어 '9시 등교'를 반대하는 사람들에게 한마디 건네주었으면 한다.

"일찍 일어나는 새가 피곤하다."

– 2015. 4. 15. 오마이뉴스

김.제.동을 통해 학교교육의 답을 찾다

5

김정운을 통해 학교교육의 답을 찾다

"세상의 모든 창조는 이미 존재하는 것들의 또 다른 편집이다."

서구의 문화와 학문을 좇으려 애써 왔고 그에 따른 산물이 우리 사회를 발전시킨 것은 사실이지만, 이제는 서구 학문에 종속되는 지식을 경계한다며 김정운 교수가 내놓은 '에디톨로지(editology)'의 개념이다. 에디톨로지(editology)는 'edit'와 'ology'를 합성한 개념으로 편집학이라 해석할 수 있는데, 해 아래 새로운 것은 하나도 없고 기존에 있는 것들을 새로운 방식으로 편집하는 활동이 곧 창조의 요체라는 이론이다.

〈생방송, 퀴즈가 좋다〉는 1999년부터 2004년까지 MBC에서 진행한 프로그램이다. 방송인 임성훈의 재치 있는 진행이 돋보인 데다 출연자들이 퀴즈의 답을 맞힐 수 있는 방법이 다양하고 새로웠기에 아직도 뇌리에 강하게 남아 있는 프로그램이다. 주어진 문제의 정답을 정확하게 알지 못하는 경우, 출연진들은 상황에 따라 시청자들이 ARS로 선택한 정답을 참고하는 'ARS 찬스', 지인에게 전화로 답을 물어보는 '전화 찬스', 인터넷으로 정답을 찾아보는 '인터넷 찬스'를 통해 해법을 마련할 수 있었다. 지식이라는 것은 더 이상 '알고 있는 것'이 아니고 '얻을 수 있는 것'이라는 공감대가 확산되기에 충분했던 프로그램이었다. 김정운이 그의 책 〈에디톨로지〉에서 말했듯 정보를 많이 알고 있는 사람이 지식인이 아니라 정보와 정보의 관계를 잘 엮어 내는 사람, 남들과는 전혀 다른 방식으로 엮어 내는 사람이 진정한 지식인이라는 것이다.

김정운은 한 TV 프로그램에서 러시아 심리학자 루리아의 실험을 바탕으로 방청객과 시청자들에게 "도끼와 망치, 나무, 그리고 톱 중에서 하나를 빼야 한다면 무엇을 빼야 할까?"라고 질문했다. 나무를 빼야 한다고 답하는 방청객도 있었고 망치를 빼야 한다고 대응하는 방청객도 있었으니 예상하건대 시청자 또한 유사한 반응을 보였으리라 생각한다.

김.제.동을 통해 학교교육의 답을 찾다

결국 나무를 빼야 한다고 주장하는 사람들은 '도구'라는 기준으로 도끼와 망치, 톱을 엮은 것이고, 망치를 빼야 한다고 강변하는 사람들은 '벌목'이라는 잣대로 도끼와 톱, 나무를 엮은 것이다. 전자는 이론적 개념으로 정리된 '추상적 지식(abstract knowledge)'이라 볼 수 있고 후자는 맥락적 상호 작용으로 얻어진 '실천적 지식(practical knowledge)'이라 볼 수 있다는 것이 김정운의 보충 설명이었다. 편집자의 기준이나 판단에 따라서 정보는 달리 수용될 수 있다는 점을 확인할 수 있다. 말하자면 편집자의 성향이나 감각, 맥락을 재구성하는 기준에 따라 지식과 정보는 참신하면서도 효과적으로 재편될 수 있으며, 그것은 결국 창의성과 직결된다는 것이다.

아직까지도 주입식 교육이 팽배하고 학생들의 자유로운 사고를 원천적으로 봉쇄하려는 학교, 자녀의 꿈과는 거리가 있음에도 '사'로 끝나는 직업을 종용하고 선행학습의 덫에 걸려든 학부모, 기성세대가 만들어 놓은 무덤에 스스로 들어가기를 자청하거나 아예 넋두리만 늘어놓고 움직이지 않는 학생, 학벌에 따른 간판의 논리가 지배하고 직업에 따른 차별로부터 자유롭지 못한 사회를 한꺼번에 바꾸어 놓기는 힘들 것이다.

하지만 김정운이 교육정책을 입안하는 역할을 맡아 국영수 중심 교육과정을 재편하여 다문화교육, 국제이해교육, 예체능교육, 환경교육 등 시대적 요구를 실현할 수 있는 모델을 찾아 학교현장에 맥락의 변화를 꾀하려는 노력을 보인다면, 사회는 조금씩 달라질 것이다. 학교도서관을 활성화하겠다던 교육부의 취지에 무색하게 전국 대부분의 교육청에서 학교 단위 도서구입비를 삭감하고 있는 조치와는 반대로, 우리 학교만큼은 다른 예산을 줄이더라도 독서토론교육을 강화할 수 있는 장은 꼭 마련하고야 말겠다는 '김정운 교장'을 만나 학생들에게 맥락과 환경을 재구성함에 따른 재미를 느끼게 하고도 싶다. 대입 제도를 핑계로 죽은 공부만 강요하는 교사와 학부모에게 '미래는 창의력이다'라는 마인드로 소신 있게 교육하면 나무 아닌 숲이 될 수 있으며 그 중지(衆智)가 제도를 이끌어 나갈 수도 있다고 자신 있게 말하고 싶다. '김정운 교장'이라는 든든한 배경을 믿고서 말이다.

"다양하게 생각하고 낯설게 생각하세요. 자기 의지와 관계없이 세뇌당한 관습적 사고와 태도를 버리고 열린 눈으로 세상을 크게 봐야 합니다."

법인 스님이 〈검색의 시대, 사유의 회복〉이라는 책에 밝힌 내용이다. 자기만의 생각이 있어야 주체적인 삶을 살 수 있다는 것이다. 법인 스님은 좋아 보이는 것이나 모두가 동의한 것을 두고 비판적으로 뒤집어 보려 노력하고, 위로받기 전에 냉철하게 자기 문제

김.제.동을 통해 학교교육의 답을 찾다

를 진단하려 노력하면 사유를 회복할 수 있다고 했다.

어떻게 보면 김정운 교수가 언급한 내용이나 법인 스님의 가르침이 상통한다. 맥락과 환경을 분석하는 수준에 머무를 것이 아니라 그것을 주체적으로 재편하려는 단계로까지 승화해야 한다는 것이다. 김정운 교수가 그의 저서에서 밝힌 훌라후프 제조사 사장의 일화는 맥락을 주체적으로 재구성한 본보기라 할 수 있다.

훌라후프를 만드는 회사 사장이 미국에서 엄청난 양의 훌라후프를 주문 받았다. 은행 빚을 내서 훌라후프를 잔뜩 만들어 인천 앞바다에 선적하려고 쌓아 놓았는데, 미국에서 다급히 연락이 왔다. 주문한 회사가 망했다는 것이다. 사장은 이 훌라후프를 팔려고 발에 불이 나도록 운동용품점을 돌아다녔다. 그러나 모두들 한결같이 대답한다.

"아니, 요즘 누가 훌라후프를 해요? 필요 없어요."

절망한 사장은 터벅터벅 인천 부두를 걷고 있었다. 그런데 갑자기 저기 들판에 가득한 비닐하우스 단지가 눈에 들어오는 것이 아닌가. 사장의 머리에 번뜩하고 아이디어가 생겼다. 그는 선적장에 가득한 훌라후프를 모조리 반원 모양이 되도록 반으로 뚝 잘랐다.

그리고 반 토막 난 훌라후프를 모두 비닐하우스 제작 공장에 팔아 치웠다. 계산해 보니 돈은 갑절로 벌렸다.

운동용품으로서의 훌라후프가 아닌 비닐하우스 뼈대로서의 훌라후프로 맥락을 바꾼 것에는 주체적인 사고가 전제로 깔려 있을 터이니, 보충수업과 야간자율학습을 강제하는 학교 풍토에서 과연 주체적이고 창의적인 인간을 얼마나 육성할 수 있을지는 의문이다. 규격품 인간이 아니라 맞춤형 인간으로 성장하는 것이 아이들의 행복을 위한 길이자 미래사회의 메가트렌드에 해당할 것이기도 하다는 소신으로 현 구조의 한계를 넘어서려는 학부모들이 얼마나 있을지 의문이다. 하지만 미래사회의 화두는 창의성이고 그 창의성은 주체적 사고에서 기인하며, 주체적 사고의 바탕에는 쉼의 미학이 빠질 수 없다는 사실을 모두 명심해야 할 것이다. 그렇기에 김정운 교장과도 같은 이가 나타나 학부모회의에서 이런 이야기를 전해 주었으면 한다.

"쉰다는 것은 내면의 나와 대화하는 것을 의미합니다. 그러나 논다는 것은 내가 좋아하는 일에 몰입하는 것입니다. 내가 정말 좋아하는 것에 푹 빠져 나 스스로를 망각하는 수준에까지 이르러야 정말 잘 놀았다고 할 수 있습니다. 그러니 쉬는 것과 노는 것은 분명 구분되어야 합니다. 쉬는 것과 노는 것이 적절히 조정되어야만 내

김.제.동을 통해 학교교육의 답을 찾다

면의 항상성이 제대로 유지될 수 있습니다."

- 2015. 4. 21. 오마이뉴스

6

이시형을 통해 학교교육의 답을 찾다

하루 11쌍이 결혼하고 4쌍이 이혼하는, OECD 이혼율 1위. 10년 넘게 OECD 자살률 1위 자리를 지키는 대한민국. 국제기구가 규정하는 최저출산국(Lowest Low Fertility) 기준 1.5명에도 못 미쳐 10년 넘게 1.3명 언저리에 있는 저출산율 1위. 지난 60년 동안 해외로 입양된 아동의 누적 인구 1위.

대한민국은 과연 행복할까? 그리고 대한민국의 아이들은 행복할까?

'최고'를 좋아하고 '1등'만을 기억하는 대한민국이라 청소년 안경 착용률도 세계 최고에 가까운 모양이다. 보건복지부의 '2013 아동종합실태조사' 자료에 따르면 12~17세 학생들의 안경착용률은 45.3%, 9~11세 아이들은 32.8%라고 한다. 미국수면재단(NSF)이 발표한 권장 수면 시간은 7시간이지만 고등학생들은 평균 5.6시간 정도밖에 못 잔다고 한다. 또한 OECD 회원국 평균 성인 흡연율이 24.9%인 데 비해 우리나라 고등학교 3학년 학생들의 흡연율은 이미 25%를 넘어서고 있다고 한다.

대한민국은 과연 건강할까? 그리고 대한민국의 아이들은 건강할까?

행복과 건강은 떼려야 뗄 수 없는 관계로, 심신이 건강하지 못한 인간과 그 사회는 불행으로부터 자유롭지 못할 것이다. 건강하지 못함을 깨닫고 치유하려는 노력을 보이는 순간, 앞서 언급한 1위의 멍에를 덜 쓸 수도 있을 것이나 그 노력마저 하지 않으려 하거나 그 노력의 방향이 어떤 곳이어야 할지를 알지 못하는 이 사회의 불행한 구조는 어떻게 바꾸어야 하나?

'대한민국헌법에 따른 인간으로서의 존엄과 가치를 보장하고 교육기본법에 따른 교육이념을 바탕으로 건전하고 올바른 인성(人性)을 갖춘 국민을 육성하여 국가사회의 발전에 이바지함을 목적으로 한다.'는 명분으로 인성교육진흥법이 제정되어 올해 7월부터 전국의 초중고에서 인성교육을 의무적으로 실시한다.

이 법이 시행됨에 따라 정부는 국가인성교육진흥위원회와 한국인성교육진흥원을 설립해 5년마다 인성교육 종합계획을 수립해야 한다. 정부의 계획에 따라 시 · 도 교육감은 자체 계획을 세워 인성교육을 강화해야 하고, 각 학교에서는 인성에 바탕을 둔 교육과정을 의무적으로 운영해야 한다.

인성교육진흥법에서 명시한 정의대로 인성교육이라는 것이 '자신의 내면을 바르고 건전하게 가꾸며 타인, 공동체, 자연과 더불어 사는 데 필요한 인간다운 성품과 역량을 기르는 것을 목적으로 하는 교육'임은 부정할 수 없는 사실이고, 그 중요성 또한 간과할 수 없다. 하지만 대학 입시로 대표되는 무한경쟁체제나 성적지상주의의 얼개를 그대로 두고 엄청난 묘안을 발견했다는 식으로 졸속적으로 인성교육을 의무화하는 것이 온당한 일인지에 대해서는 성찰이 필요하다. 교사든 학부모든 인성교육에 대한 중요성을 모르는 바 아니었을 테고 시급히 회복해야 할 책무임을 좌시하려 하지도 않았을 것이지만, 경쟁의 메커니즘이 작동하는 가운데 그들이 나름의 '의무'를 쉽게 버릴 수 없었을 것이다.

김.제.동을 통해 학교교육의 답을 찾다

성장과 발전만을 도모하고 협력과 상생의 가치를 잃어버려 이혼율 1위, 자살률 1위, 저출산율 1위 등의 성적표를 남긴 기성세대들이 우리 아이들의 인성을 탓할 자격이 있을까? 안경착용 비율이 높고 흡연율이 높으며 수면시간이 적은 데 대해, 아이들이 스마트폰을 자주 사용했기 때문인데다 또래 집단에서의 좋잖은 문화가 확산되었기 때문이라고 자신할 수 있을까? 대한민국이 현 시점에서 받아든 성적표와 신자유주의 교육정책과는 별개의 문제라 자신 있게 말할 수 있는 사람이 있을까? 교육의 수월성(秀越性)과 보편성에 대한 흑백논리만으로 특목고를 바라보는 소수의 편협한 교육정책 입안자들이 경쟁 이데올로기를 버리지 않은 채 교사에게 인성교육을 운운할 수 있을까?

인성교육을 논하기 전에, 인성교육진흥법을 만들기 전에 입시 위주의 교육을 어떤 관점으로 바꾸어 나가야 할지에 대한 고민이 선행되어야 했다. 입시 위주의 교육을 전면적으로 재편하면 인성교육의 길은 자연스레 열리고, 가계 교육비 지출액이 40조 원을 넘어서는 일 또한 없어질 것이다.

정신의학계의 권위자인 이시형 박사는 행복하고 건강하며 정직한 사회를 꿈꾼다. 그 꿈을 이루기 위해 세로토닌(Serotonin)적인 삶의 회복이 필요하다고 힘주어 말한다. 세로토닌은 모든 것이 밸런스가 맞아 편안할 때 분비되는 뇌의 신경 전달 물질로, 많이 분비될수록 건강하고 행복한 생활을 할 수 있다. 이 세로토닌을 만들기 위해서는 씹기, 걷기, 깊게 숨쉬기, 자세 바로잡기, 자연 즐기기, 명상하기, 우뇌적인 인간되기에 초점을 두어야 한다고 이 박사는 말한다. 결국 심리적 여유와 올곧은 삶의 태도, 오감이 열린 감성적 사고가 낱낱의 인간으로부터 대한민국 전역으로 체화되면 행복한 국가를 이뤄 낼 수 있는 셈이다.

이 박사는 무한경쟁 시대에 대한 피로감으로 폭행이나 각종 사건·사고, 묻지 마 범죄와도 같은 극단적 행동 등 강력 범죄가 늘어나고 있다고 말한다. 그리고 그에 따른 해결책은 '행복 호르몬'이라 불리는 세로토닌을 활성화하는 데 있다고 강조한다.

결국 어린아이나 학생들이 건강한 몸과 마음을 바탕으로 건전한 생활 습관을 몸에 익히도록 해야 하고 친자연적인 환경에서 자라나게 해야 하며 '공정한' 경쟁 구조를 가지도록 해야 하는 사회의 몫이 생긴 것이다. 인성교육진흥법의 취지에는 모두 공감할 것이나, 그 법이 온전히 작용할 수 있도록 학교교육시스템의 혁신을 먼저 이루어 내야 한다. 또한 선행학습이 유일한 살길인 듯 아이들의 감성적 요소를 배제한 채 지식 쌓아 주기에 바쁜 부모들의 인식 개선도 수반되어야 인성교육이 제자리를 찾을 것이다.

인성교육진흥법이 세계 최초로 인성교육을 법제화한 것이라며 자랑하는 일이 없는 사회가 될 수 있도록, 공감과 배려의 협력 문화 속에서 전인 교육이 이루어지는 사회가 될 수 있도록, 이시형 박사의 세로토닌 강의가 정부 세종청사 대강당에서 쩌렁쩌렁 울려 퍼질 날을 기대한다.

- 2015. 4. 15. 오마이뉴스

7

데니스 홍을 통해 학교교육의 답을 찾다

'세계의 천재 과학자 10인 중 한 명', '로봇계의 레오나르도 다 빈치'

재난 구조용 로봇의 아버지로 통하는 로봇공학자 데니스 홍(한국 이름 홍원서)을 두고 파퓰러사이언스와 워싱턴포스터가 붙인 찬사이다. 미국 국방부 산하 연구기관에서 개최한 '무인 자동차 경주대회'에서 3위로 입상하고, '시각장애인 드라이버 챌린지'에서 웨스라는 시각장애청년이 컴퓨터의 지시를 받아 실질적으로 운전할 수 있도록 조력자 역할을 충실히 해냈으며, 후쿠시마 원전 해결을 위해 로봇 투입 작업을 준비하고 있는 그에게 걸맞은 별명이다.

캘리포니아대학교 로스앤젤레스캠퍼스에 재직 중인 그는 후쿠시마 원자력발전소 방사능 누출 사고가 발생한 지 4년이 지났음에도 제대로 수습된 것이 없다며 자신의 팀이 개발하고 있는 로봇을 투입하여 핵 연료봉을 제거하고 오염수의 유출을 막아 내려 노력하고 있다. 또한 군함 소방용 휴머노이드 '사파이어(SaFFiR)'를 개발하여 화재 진압 실험에 성공하기도 했다.

이렇듯 재난 구조 로봇에 관심이 많은 그는 자신이 인문학적 성찰을 많이 하는 편은 아니지만 기술을 개발하기 전에 사람에 대한 고민은 반드시 거치고 사람을 위한 기술이라 판단되면 일을 진행한다고 한다. 로봇혁명시대를 선구할 정도로 뛰어난 기술력과 시스템을 가졌음에도 인간의 삶을 그릇되게 하는 공학은 의미가 없다는 의식을 가진 이 과학자를 '교육 분야 안전 종합 대책'의 총괄자로 초빙하면 어떨까?

세월호 침몰 사고, 마우나리조트 붕괴 사고 등의 원인이 된 안전의식·안전시스템 부재를 극복하기 위해 교육부는 '생명 존중·안전사회 구현을 위한 교육 분야 안전 종합 대책'을 마련했다. 교육시설에 대한 총체적 안전 점검과 관리를 통해 교육수요자의 신뢰를 얻고 유아부터 안전 교육·훈련을 강화하여 안전에 대한 의식을 공고히 하는 데 의의를 둔 대책이다.

이 대책에 따르면 2018년 초등학교 1·2학년 교과에 '안전생활'이 신설된다. 폐교를 활용하여 권역별로 종합안전체험관을 건설하고 발달 단계별로 7대 안전교육 표준안을 개발하려는 계획도 담겨 있다. 또 예비 교원(2016년 3월 입학생 기준)에 대해 응급처치와 심폐소생술 실습을 실시하고 교사 자격 취득 검정 기준에 반영하려는 움직임도 있다. 학교안전관리지도사 자격을 취득하는 경우, 교원임용고사 때 가산점을 주고 승진 시 보상해 주는 내용도 찾아볼 수 있다.

아울러 여러 법령에 분산되어 있는 안전교육 관련 사항을 '학교안전사고 예방 및 보상에 관한 법률'로 일원화하여 학생들이 체계적이고 실질적인 안전교육을 일정 시간 이수하도록 요구하고 있다. 얼마 전 초등학교 4학년 학생이 심폐소생술로 길에 쓰러진 50대 남성을 살린 이야기가 미담으로 전해졌는데, 이러한 노력의 결과일 수도 있겠다.

그러나 아직까지도 우리 사회는 안전에 대한 의식개혁이 제대로 이루어지지 않았을 뿐만 아니라 안전 매뉴얼이나 시스템이 체계적으로 정착되지 않았다. 경북 구미의 한 초등학교에서는 크레인이 학교 건물로 넘어져 2층 옥상 난간 일부가 파손되었음에도 인명 피해가 없다는 이유만으로 며칠 동안 방치해 놓은 사실이 드러났다.

김.제.동을 통해 학교교육의 답을 찾다

충남의 한 대학교 도서관 리모델링 공사 현장에서는 다수의 근로자들이 안전 장비를 차지 않은 채 작업을 하고 있었으며, 철 구조물을 용접하는 곳 주위에 소화기가 하나도 없어 빈축을 사기도 했다. 학교에서 비상벨은 양치기 소년으로 전락한 지 이미 오래다.

이와 같이 안전 불감증이 사회에 만연해 있으니 안전에 대한 주의를 조금이라도 기울이면 소심한 사람으로 취급하는 문화는 자연스런 귀결일 수도 있겠다. 이럴 때 인간의 삶을 최우선의 가치로 두는 로봇과학자 데니스 홍을 불러 학교 안전사고 예방용 로봇을 제작·보급해 달라고 요청하면 어떨까? 로봇이 학교 구석구석을 다니며 안전 체크리스트를 작성하고 위험하거나 위험의 가능성이 감지된 부분이 있으면 즉각 해결하는 것이다.

로봇이 학교 앞에서 노란색 교통 신호 깃발을 들고 있는 모습을 상상해 보는 것은 어떨까? 교사와 학부모, 학생, 지역사회, 로봇이 한마음이 되어 사후 처리가 아닌 사전 예방의 '안전지대'가 만들어지길 기대한다.

- 2015. 4. 22. 오마이뉴스

8

손용근을 통해 학교교육의 답을 찾다

제11조(학교운동부 운영 등) ① 학교의 장은 학생선수가 일정 수준의 학력기준(이하 '최저학력'이라 한다)에 도달하지 못한 경우에는 별도의 기초학력보장 프로그램을 운영하여 최저학력이 보장될 수 있도록 노력하여야 하며, 필요할 경우 경기대회 출전을 제한할 수 있다.

③ 학교의 장은 학생선수의 학습권 보장 및 신체적 · 정서적 발달을 위하여 학기 중의 상시 합숙훈련이 근절될 수 있도록 노력하여야 한다.

학생의 체육활동을 강화하고 학교운동부 육성 및 학교체육 활성화에 필요한 사항을 정함으로써 학생들이 균형 잡힌 심신을 갖출 수 있도록 기여하기 위해 2013년 3월 학교체육진흥법이 시행되었다. 조금 더 현실에 충실하여 말하자면, 천안초등학교 축구부 합숙소 화재를 기점으로 학생선수들의 합숙 구조 및 합숙 문화에 대한 사회적 반성이 법으로 이어진 것이다. 또한 논의를 확장시켜 엘리트 스포츠의 폐단을 극복하고 학교스포츠클럽을 확산하려는 의지도 법에 반영되었다.

1988년 서울올림픽 개최 전후를 중심으로 정부의 전폭적인 지원 아래 엘리트 스포츠가 주류를 이루었지만, 그 이면을 들여다보면 소수 독점 구조에서 도태된 학생들의 진로 대책을 마련하지 않은 한계를 안고 있었다. 엘리트 스포츠가 '대한민국'이라는 국가의 인지도를 드높이고 '세계 속의 한국'의 길을 터놓은 것은 사실이나 학생선수 중 극히 일부만 실전 무대에 참여할 수밖에 없고, 그중 일부만 금메달 병을 앓고 있는 국민적 정서에 박수로 기억되는 존재일 수밖에 없다. 스포츠뿐만 아니라 사회의 구조 자체가 불가피한 경쟁이 존재하기에 수용할 수밖에 없는 결과라 하기에는 조연 역할을 한 운동선수들의 미래가 심각할 정도로 불투명하다는 점을 간과할 수 없다.

엘리트 스포츠 중심의 학교체육은 지도자도, 선수도, 학교도

가시적인 결과로부터 자유로울 수 없고 성적의 압박에 시달릴 수밖에 없다. 그러다 보니 엘리트 스포츠의 논리에 빠진 사람들은 상시 합숙을 통해 구성원들의 결속력을 강화할 수 있다는 과신을 진리로 받아들이고, 학생들로 하여금 맹목적으로 경쟁에 노출시킨다. 열악한 시설과 안전하지 못한 시스템은 운동선수로서 으레 견뎌 내야 할 소중한 자산 정도로 인식한다. 학생선수는 본인의 종목에서 그 능력을 인정받아 실업팀(프로팀)에 들어가거나 대학에 특기자로 입학하기만 하면 된다고 생각하기 때문에 수업을 통해 소양을 쌓는 일은 '미친 짓'이 되고 수업에 빠지고 운동량을 늘리는 것이 합리적 행위라 생각한다.

이러한 일련의 구조가 여러 세월에 걸쳐 반복되는 동안 운동부 합숙소에서의 화재 사고나 구타 사건이 비일비재하게 일어났고, 운동 기능은 출중한 데 비해 지적 영역이나 정의적 영역에서는 그에 걸맞은 모습을 보이지 못하는 선수를 낳게 되었으며, '수업 결손'이라는 특단이 있었음에도 운동 기능이 출중하지 못하여 해당 분야에서 인정받지 못한 학생들이 사회적 방랑자로 각인되는 패턴을 생산했다.

엘리트 스포츠의 이러한 폐단을 최소화하고 생활체육을 강화하기 위해 앞서 말한 학교체육진흥법이 마련된 것이다. 학교의 장은 학교운동부를 운영함에 있어 학생선수들의 학습권을 보장하고 신체적·정신적 발달을 도모하기 위해 상시합숙을 근절하도록 '노력해야 한다.'라 명시한 덕분에, 아직까지도 편법이 횡행하고 있으나 법의 본질과 취지에 공감하는 학교는 세련된 행보를 보이는 경우도 많다.

또한 학교의 장은 학생선수가 일정 수준의 학력기준에 도달하지 못한 경우에는 별도의 기초학력보장 프로그램을 운영하여 최저학력이 보장될 수 있도록 노력해야 하며, 필요할 경우 경기대회 출전을 제한'할 수 있다.'라고 스탠스를 유지한 덕분에 빠져나갈 구멍이 있기는 하지만 운동선수들이 움직여야 할 방향에 대해서나 운동선수들을 바라보는 관점에 대해 새로운 지평을 열어 놓은 셈이다.

각고의 노력 끝에 최선은 아니지만 차선의 결과물을 만들어 냈음에도 반대 의견 또한 만만찮다. 초·중학교는 교육부장관이 정한 5개 과목에 대해, 고등학교는 3개 과목에 대해 초·중·고 각각 해당 학년 학생 전체의 교과별 평균 성적의 50%, 40%, 30%가 되어야 한다는 최저학력 조항을 두고 현실성이 부족하다는 지적이 있다. 학생선수들의 학습권 보장을 위해 마련된 주말리그제에 대해 불만을 토로하는 사람들도 많다. 엘리트 스포츠의 순기능을 강조하며 '1%의 운동기계를 겨냥한 학습권 보장, 최저학력제'보다 '99%의 공부기계를 위한 운동권 보장, 최저체력제'를 추구하는 것이 더욱 합리적이라 주장하는 사람들도 많다. '대입'이라는 쳇바퀴 속 반복되는 일상 속에 주체적 의식 없이 공부 기계로 전락한 학생들이 미래 사회의 인재상에 부합하는 모습으로 거듭나도록 제도와 인식이 공존해야 한다는 것이다.

따지고 보면, 운동을 주로 하는 학생이든 공부를 주로 하는 학생이든 '주로 하는' 행위의 결과적 성공을 완벽하게 보장해 주지 못하는 구조 속에서 그 경쟁의 정당성을 확보하기 위한 차원만으로 인간 성장에 있어 필수적으로 동반되어야 할 요소를 버려서는 안 된다는 소신은 이쪽이나 저쪽이나 같은 것이다. 케케묵은 이야기일 수 있겠으나 지덕체(智德體)의 끈을 쉽게 버려서는 안 된다는 의미와 접점을 찾을 수 있는 것이다.

결국 학교스포츠클럽(생활체육)과 엘리트스포츠가 저마다의 순기능을 바탕으로 공존할 필요가 있다는 점, 엘리트스포츠가 지금껏 걸어온 길과는 다른 길을 걸어야 한다는 점을 바탕으로 논의를 압축할 수 있을 것이다. 유행가 가사처럼 '학교스포츠클럽인 듯 학교운동부인 듯' 갈피를 잡기 힘든 청구초등학교 야구부로 찾아가서 공부 기계만을 만들지 않는 사회, 운동 기계만을 만들지 않는 사회에 대한 해법을 찾으려 한다.

  청구초등학교 야구부 손용근 감독은 1984년부터 지휘봉을 잡기 시작했는데 선수들에게 사인을 내지 않는 감독으로 유명하다. 학교 운동부는 진학 문제에서 자유로울 수 없기에 승리에 대한 갈망이 클 수밖에 없고, 그에 따라 승리를 위한 감독의 사인은 잦아지는 것이 당연한 이치일지 모른다.

  그러나 손 감독은 심판들의 내기 대상이 될 정도로 사인에 인색하다. 단순하게 번트를 대거나 작전을 거는 야구가 좋지 않다는 가치관을 가지고 있는 것이 아니라, 선수들로 하여금 눈치 보지 않는 야구를 하게 만들어서 야구 자체를 즐기게 하려는 목적의식이 강할 따름이다. 번트를 비롯한 각종 연습이나 훈련을 도외시하는 것은 아니나 적어도 시합 중에는 학생선수들이 스스로 게임을 풀어 가는 능력을 극대화할 수 있도록 배려하기 위함이다. 더욱 관심을 가질 만한 부분은 손 감독이 자신의 가치관이 옳다는 입장만을 견지한 것이 아니라 ,지도자들의 여러 훈육 방식 중 하나로 자신의 지도 방식을 봐달라고 겸양을 보인 점이다.

  또한 손 감독은 30여 년 동안 변함없이 학생들에게 가족들과 자신의 이름을 한자로 쓸 수 있는 능력을 길러 주고, 야구 용어와

포지션을 영어로 표기할 수 있는 능력을 키워 주는 일뿐만 아니라 한자나 영어와 관련하여 숙제를 내는 것을 잊지 않는다.

결국 손 감독은 야구는 '함께', '즐겨야' 하며 모든 사람이 추신수나 류현진이 될 수 없다는 사고에서 출발해야 한다는 입장을 보인다. 그러면 자연스레 엘리트 스포츠의 폐단으로부터 벗어나려는 자정 작용이 일어날 것이고, 야구부원들 스스로 어려운 상황을 딛고 일어서려는 주체의식이 함양된다는 것이다.

이쯤 되면 엘리트 스포츠와 생활체육이 공존하는 방법이 무엇일지 답이 나오지 않겠는가? 지도자들이 지덕체의 끈을 놓지 않는 가운데 학생선수들을 대하는 현명한 방법이 무엇일지 답이 나오지 않겠는가? 엘리트 스포츠와 생활체육이 공존하는 방법, 굳이 사인을 내지 않더라도 최소한 진루타는 나오리라 본다.

– 2015. 4. 23. 오마이뉴스

9

최종일을 통해 학교교육의 답을 찾다

노는 게 제일 좋아 친구들 모여라

언제나 즐거워 개구쟁이 뽀로로

한국 영화계의 거장인 임권택 감독은 〈뽀로로〉 주제가를 듣는 것이 취미라고 한다. 몸값만 8,000억 수준이라는 뽀통령 뽀로로는 아이들에게만 영향력을 행사하는 것이 아니라 할아버지들에게까지 존재감을 뽐내는가 보다.

캐릭터 관련 상품의 누적 매출까지 포함하면 1조 2,000억 원 이상의 벌이를 가능하게 한 뽀로로. 그를 이 세상에 내놓은 아이코닉스 엔터테인먼트 최종일 대표를 주목할 필요가 있다. 1995년 애니메이션 제작에 뛰어들어 실패에 실패를 거듭하다 2003년 성공적으로 뽀로로를 만들어 낸 최종일은 '2014 창조경제박람회' 지식 강연에서 다음과 같이 말했다.

"'뽀로로'라는 캐릭터를 만들기까지 다섯 번 실패했습니다. 그때 실패는 성공의 과정이라 볼 수 있습니다. 실패의 노하우를 배운 것이지요. 중요한 것은 '어떻게 하면 실패하지 않을 수 있느냐?'가 아니라, '어떻게 하면 실패한다.'라는 것을 알았다는 것입니다."

최종일은 일본보다 더욱 뛰어나고 재미있는 애니메이션을 만들 야심으로 일본인 감독에다 일본인 제작진까지 투입하여 시장의 문을 두드렸으나 처참하게 실패하고 말았다. 장고(長考) 끝에, 시청 대상을 잘못 설정했기에 참패할 수밖에 없었다는 결론을 얻었다. 일본은 주로 성인이나 아동을 대상으로 애니메이션 시장을 장악하고 있었기에 틈새가 좀처럼 생기지 않는다는 것이다.

이에 최종일은 방향을 급선회하여 블루오션이라 할 수 있는 유아 대상 애니메이션을 제작하기에 이르렀다. 또한 기존의 몇 안 되는 유아용 애니메이션은 대부분 교육적 효과에 초점을 두었기에 흥미를 유발하는 프로그램을 만드는 것으로 차별화했다. '어떻게 하면

김.제.동을 통해 학교교육의 답을 찾다

실패한다.'라는 사실을 몸소 겪었기에 전열을 가다듬고 새로이 도전한 결과, 돈 잘 버는 뽀로로의 아빠가 된 것이다.

저성장 국면, 가계 부채의 지속적 증가, 청년 취업률 감소, 빈부 격차 심화 등 경제 관련 뉴스를 접해 보면 학부모들이 그들의 자식에게 안정적인 직업군을 추천하는 이유가 명확해진다. 4분기 내내 경제성장률 0%대에서 벗어나지 못하는 현실이 앞으로 개선되리라는 사회적 믿음이 형성되어 있지 않기에 자식들의 밝은 미래를 위해 공무원을 비롯한 소위 안정직군을 추천하는 것이 부모의 제 역할이라 생각한다.

하지만 이미 시작된 예측 불허의 시대에는 지금의 안정이 지속적 안정을 담보할 수 없다. 또한 사회 시스템이 혁신적으로 바뀌고 경제 구조가 재편되는 속에서 안정을 바라는 자세는 오히려 지양해야 하고 주체적인 의지를 앞세워 변화를 주도해야 한다.

곧 1가구 1로봇 시대가 열릴 것이고 하늘을 나는 자동차도 만들어질 것이며 가정에 3D 프린터가 보편화될 날도 다가올 것이다. 그런데 이러한 시대가 과연 '안정'이라는 키워드로 접근할 수 있는 시대인지 반문해 보아야 한다. 실패를 통해 성공을 얻어 낸 최종일을 보며 모험심을 키우고 도전 정신을 불태울 수 있도록 조력자로서 진가를 발휘해야 할 존재가 학부모이다. 미래사회는 변화의 폭이 크고 변화의 속도 또한 빠를 것이기에 실패를 하나의 기회로 전환할 수 있는 여지 또한 빨리 생기리라는 역발상도 충분히 가능하고, 그러한 의식을 심어 주는 것이 학부모의 역할이다. 이제 더 이상 학교생활기록부 학생 진로 영역에 있어 학부모 희망란에 '공무원' 세 글자를 보고 싶지 않다.

학부모들과의 상담에서 20세기적 '사회적 지위'의 논리에 빠지지 말고, 자식들이 좋아하는 일이 무엇이며 자식이 잘할 수 있는 일이 무엇인지를 고민해야 한다고 주문하지만, 학부모들은 이내 이상적이기만 한 멘트라는 눈빛을 보낸다. 남들에게 보이기 위한 삶을 살 필요가 없다는 사실은 20세기적 '사회적 지위'를 얻지 못한 사람들의 자기합리화가 아니라, 21세기적 행복의 기준이 되었다는 사실을 모르고 있는 것이다.

먹고살기에 급급한 소극적인 일이 아니라 자신의 생각을 구체화하고 자신의 가치를 표현하는 수단으로서의 적극적인 일을 가진 자가 제대로 된 일꾼이라는 사실을 잊어서는 안 된다. 최 대표가 "뽀로로와 타요 등 아이코닉스 캐릭터들이 세계 140개국에 알려진 데는 기존 TV나 극장에 매달리지 않고 유튜브 등 새로운 매체에 도전했기 때문"이라 했듯 사회적 지위나 안정 타령을 하는 모습으로는 자신이 일하는 분야에서 두각을 나타내지 못할 것이다.

 게리 매티슨 박사는 미래인재포럼에서 안전 효율성을 추구하던 회사들이 변화, 창의성, 유연성, 팀워크, 리더십을 찾게 되는 사회가 올 것이라 했다. 아울러 풀타임 직장은 없어지고 프로젝트별 파트타임 일자리만 남으며, 사람들은 갈수록 그러한 일자리를 선호할 것이라 했다. 기업들은 파트타임 네트워크를 구축하며 아웃소싱 경영방식을 추구할 것이라 했다. 게리 매티슨의 발제가 몇 년 전 이루어진 것임을 감안하면 미래를 내다보는 그의 혜안이 뛰어남을 알 수 있다. 그리고 앞으로도 놀랄 일이 많이 남아 있다는 사실이 더욱 이목을 집중시키고 있는 셈이다.

 학부모에게 바란다. 실패를 두려워하지 않는 최종일의 삶, 실패한 원인을 분석하고 재빠르게 플랜B를 추진하는 최종일의 삶, 블루오션에 주목하는 최종일의 삶을 귀감으로 삼아 자녀와 진심으로 진로에 대한 상담을 나누기를.

 − 2015. 4. 29. 오마이뉴스

10

훌리오 프랑코를 통해
학교교육의 답을 찾다

2015 타이어뱅크 KBO 리그에서 NC 다이노스의 기세가 무섭다. 5월에만 16승을 기록하며 1위 팀을 바짝 쫓고 있다. 대구 출생인 나는 프로야구 원년부터 연고지 팀을 응원하고 있지만 1군 리그에 올라온 지 얼마 되지 않는 NC의 선전은 야구팬으로서 전율을 느끼게 할 만하다. 대부분의 전문가들이 올 시즌 개막 전 NC에 대해 후한 점수를 주지 않았기에 반전과 반등의 매력은 배가된다.

화려한 성적의 중심에는 이호준이 있다. 만 39세의 나이가 무색할 정도로 타격 각 분야에서 상위권에 랭크되어 있는데, 지난해 기준 33시즌 동안 우리 나이로 40세까지 현역으로 뛴 타자는 20명뿐이고 그중 규정 타석을 채운 타자는 7명밖에 되지 않는다는 점에서 이호준이 걸출한 존재임을 다시 한 번 확인할 수 있다. 유행가 가사처럼 '내 나이가 어때서'의 차원에서 다가서면 이호준 이상의 모범생인 훌리오 프랑코를 만날 수 있다.

훌리오 프랑코. 도미니카 공화국 출신 야구 선수. 1958년 8월 23일생. 우리 나이로 치면 58세이고 실제 나이는 더 많다는 소문이 있는 가운데 일본 독립 리그 이시카와 밀리언 스타스에서 플레잉코치로 활약하고 있는 '할아버지 선수'이다. 야구 좀 안다고 자랑하는 팬들에게는 지난 2000년 삼성 라이온즈에서 활약하기도 한 프랑코가 낯설지만은 않을 것이다.

프랑코는 1982년 MLB 필라델피아에 입단한 후 이듬해 클리블랜드로 자리를 옮겼고 1998년 NPB 지바 롯데에서 용병으로, 2000년 KBO 삼성 라이온즈에서 용병으로 활약을 하다가 다시 MLB 애틀란타에서 뛰었다. 그는 MLB 통산 2527 경기에 나와 타율 2할 9푼 8리를 기록했다. 일본 프로야구에 몸담고 있었던 두 해 통산 기록이 3할에 육박하고 우리나라에서도 지난 2000년 타율 .327, 22홈런을 기록하는 등 기술적으로나 체력적으로도 뛰어나고 조직에 적응하는 능력도 뛰어나다.

1991년 MLB 아메리칸리그 타격왕을 차지하기도 했던 프랑코. 그가 50대 후반까지도 선수 생활을 할 수 있는 비결은 무엇일까? 튀긴 음식과 탄산음료는 절대 입에 대지 않는다는 자기 관리 능력에서 답을 찾을 수 있을까? 아니면, 66세까지 선수 생활을 하고 싶다며 의지를 다질 정도로 체력이 강하기 때문일까? 혹시 야구에 살고 야구에 죽는 열정 덕은 아닐까? 그것도 아니라면, 마음만 먹으면 언제든 뛸 수 있는 시스템과 풍토 때문일까?

조너선 코졸(Jonathan Kozol)은 〈교사로 산다는 것〉이라는 책에서 다음과 같이 말했다.

"학생의 기억에 가장 오래 남는 수업은 공책에 필기한 내용도 아니고 교과서에 인쇄된 궁색한 문장도 아니다. 그것은 수업하는 내내 교사의 눈빛에서 뿜어져 나오는 메시지다."

프랑코가 튀긴 음식을 삼가며 스윙 스피드를 늦추지 않으려 노력한 것처럼 눈빛으로 강렬하게 메시지를 뿜어내는 선배 교사가 전부인 것은 물론 아니다. 그런데 주위에는 선생이 되기보다 공무원이 되기를 바라는 마음에 굳이 '뿜어야' 할 필요를 느끼지 못하는 교사도 의외로 많다. 김수영 시인에게는 부끄러운 이야기이지만 교사 개인이 '나타(懶惰)와 안정(安定)'을 추구하는 경우도 많다. 하지만 '유능한 교사'로 살 것인가, '좋은 교사'로 살 것인가에 대한 질문에 후자를 선택했다가 '눈빛'을 잃고 낭패를 본 원로 교사도 적잖다.

교사로서의 자질이나 철학보다 평가자에 대한 충성도가 결정적 영향을 미치는 교사 승진 체계의 불편한 진실. 이 불편한 진실을 수용할 수 없어 '교육의 본질이 무엇인가?'에 대한 철학적 질문에 답하려 애쓰는 원로 교사들도 있으나, 점수와 경쟁의 논리에 익숙한 세대들이 교직에 들어오는 비율이 높을수록 그 교사를 바라보는 눈빛에 존경은 찾아볼 수 없다. 융통성 없고 못난 사람이기에 승진하지 못했을 것이라는 사람들의 억측이, 승진을 선택하지 않은 원로 교사들을 힘들게 만든다.

본인의 소신대로 교육철학을 펼치기 위해서 승진이 하나의 방법이 될 수 있으나 그 과정에 있어 온갖 모순과 부조리를 만나게 되고, 그것을 어느 정도 무시해야 원하는 결과를 얻어 낼 수 있는 현 승진 구조는 교육자의 승진 체계가 결코 교육적이지 않다는 자가당착에 빠져 있다. 한나 아렌트(Hannah Arendt)가 말한 '악의 평범성'이라는 개념이 교직 사회에 적용되는 경우가 많다는 것인데, 승진을 준비하는 모든 사람들을 이런 맥락에 가둬 두는 것이 아니라 그런 것들로부터 자유로워지고 싶어 하는 자들을 정신적으로

해방시켜 주어야 한다는 입장이다. 승진으로부터 자유를 선택한 원로 교사들에 대한 심리적 지지와 함께 그들이 교장이 아니라는 이유로 어깨 펴지 못하는 이상한 조직이 되어서는 안 된다는 것이다. 원로 교사들이 프랑코만큼 자기 관리를 잘하고 있는지, 체력이 좋은지를 따지기 전에 프랑코처럼 열정을 발산할 수 있는 장을 만들어 주어야 한다는 것이다.

2012년 본격 시행된 수석교사제, 획일적 형태의 승진 구조를 지양하고 수업 전문성을 제고하기 위한 초석을 만들었다는 측면에서 긍정적인 부분도 분명히 있다. 하지만 애초의 취지와는 달리 학교 일반 업무에서 결재권이 없는 수석교사가 교감과 동등한 위치를 얻기는 어렵고 수업전문성에 대해 막연한 자부심을 가진 대부분의 교사에게 수석교사의 조언은 폐기되는 것이 일쑤다. 아직까지 교장, 교감 일변도의 승진 체계에서 인식이 크게 벗어나 있지 않은 가운데 인위적으로 수석교사제를 도입해 봐야 큰 실효가 없다는 것이 현장에서 증명된 셈이다.

혁신은 제도의 개혁과 의식의 개혁이 어우러질 때 이루어지는 것이 사실이나, 때에 따라서는 선후 관계를 고려해 보아야 할 사안도 있는 것이다. 원로 교사들에 대해 패자의 그늘이 드리워져 있다고 인식하는 순간, 흑백 논리에서 오는 고정 관념이 조직을

김.제.동을 통해 학교교육의 답을 찾다

위태롭게 만드는 병과도 같은 존재임을 뒤늦게야 깨달을 것이다. 프랑코가 감독이 아닌 선수로서 필드를 누비고 다녔듯이 교육행정의 중심축에서 무언가를 진두지휘하는 것보다 교실에서 아이들의 웃음소리 듣는 것을 좋아하는 교사, 수업을 통해 희열을 느끼는 교사가 그들의 선택을 존중받으며, 그들이 그들의 위상에 대해 스스로 자괴를 가지지 않으면서 보람을 느낄 수 있는 세상이 도래할 수 있도록 인식의 덩어리를 마련해야 한다.

지금은 고인이 되었지만 50대 후반의 나이에도 한 시간의 수업을 위해 온갖 매체를 다 섭렵하고, 세련된 발음과 본토 풍토 전달을 위해 외국에 살고 있는 조카를 동원하는 것도 꺼리지 않으셨던 창원명지여자고등학교 영어과 고(故) 전철룡 선생이 떠오른다. 그와 같은 분이 전국에 많이 계시리라 믿는다. 다만 그런 분들이 자신감을 가질 수 있는 구조나 인식이 부족할 뿐이다. 능력 있는 원로 교사가 프랑코 이상의 기량을 발휘할 수 있도록 4번 타자 역할을 맡겨 보자. 우리 교육은, 우리 사회는 그런 혜안을 가진 감독이 되어야 한다.

- 2015. 5. 28. 오마이뉴스

공존과 협력의 가치가 존중받아야 할 이 시점에
기성세대와 교육사회는 학생들에게 어떤 불빛으로 거듭나야 할까?

PART
03

시와 음악에서 찾은
학교교육의 열쇠

Search for answers

박노해 〈휴일 특근〉을 통해
학교교육을 말하다

　올해 처음으로 단기방학이 도입되었다. 문화체육관광부가 주관한 봄 관광주간(5월 1일~5월 14일) 중 주말과 공휴일에 학교장 재량 휴업일을 붙여 짧은 기간 동안 방학을 하는 것으로, 대부분 4~5일을 쉬고 개학했으나 일부 학교는 10일간 쉬기로 하여 며칠 뒤에 개학하기도 한다. 교육부가 발표한 '2015학년도 학사 운영 다양화 · 내실화 추진 계획'의 차원에서 전국의 초 · 중 · 고 90%가량이 단기방학을 실시했고 10월에도 가을 관광주간(10월 19일~11월 1일)중 단기방학을 실시할 계획이나 그에 따른 부작용과 폐해 또한 만만찮다.

　단기방학은 학생들이 체험의 궤도를 넓힐 수 있는 계기가 된다.

또한 관행적으로 운영해 온 장기 방학의 틀에서 벗어나 학습 시간과 휴식 시간 간의 황금 비율을 찾게 해 줌으로써 효율성을 제고하는 데에도 큰 도움이 된다. 아울러 국내 관광 활성화를 통한 내수 진작에도 분명 도움이 되는 제도일 것이다. 하지만 '관광 활성화'라는 경제 논리가 지나치게 강조되고 교육이 수단으로 전락한 탓에 순기능이 크게 작용하지 못했던 점은 짚고 넘어가야 할 부분이다.

문화체육관광부는 관광 주간을 성공적으로 이끌기 위해 오는 16일까지 국립공원 야영장 28곳의 이용료를 50% 할인해 주고 있다. 농촌체험 휴양마을 148곳의 체험 · 숙박료도 20% 할인해 주고, 전국 75개 사찰에서 저렴한 비용으로 템플스테이를 즐길 수 있도록 시스템을 마련하기도 했다. 아울러 지방자치단체와 유관 기관, 민간 기업과 적극적인 협력 체제를 구축하여 다양한 행사와 저렴한 비용으로 국내 관광을 활성화하고자 했다. 김종덕 장관까지 직접 나서서 휴가를 내고 인천의 한 섬으로 떠난 걸 보면 관광 주간을 통해 국민들의 삶의 질을 높이고 지쳐 있는 국내 경제에 나름의 도움이 되고자 하는 강력한 의지를 읽을 수 있다.

그러나 교육적 차원에서는 상처를 남기고 숙제를 안겨다 주었다는 사실을 거부할 수 없다. 문화체육관광부가 행사의 성공을 위해 교육부의 '2015학년도 학사 운영 다양화 · 내실화 추진 계획'을 수단으로 끌어온 것인지, 교육부가 '2015학년도 학사 운영 다양화·내실화 추진 계획'이 본질에서 훼손될 가능성도 있음을 인지하지 못한 것인지 문제점이 노출된 것만은 사실이다.

정부가 경제 살리기에 과도하게 매몰되어 있다 보니 문화체육관광부의 정책에 교육부가 끌려다니는 형국이다. 결국 경제 논리에 교육이 수단으로 밀려 버린 것이다. 어떻게 하면 가족 단위로 여행을 많이 다닐 수 있을지에 대한 고민은 많았으나 여행을 떠나지 못하는 가족에 대한 대안은 마련하지 못했다. '근로자의 날 제정에 관한 법률'이 초라해 보일 정도로, 법 위의 사업주 앞에 고개 숙인 노동자로서의 아버지가 존재할 수밖에 없다는 사실을 간과한 것이다.

좋은 취지로 시작된 제도는 사회적 취약 계층의 자녀, 맞벌이 가정의 자녀, 편부모 가정의 자녀 등 '부모를 기다리는 시간이 더욱 길어지는' 아이들에 대한 대비책을 제대로 준비하지 않아 결국 구조적 폭력을 행사한 꼴이 되어 버렸다. 시간과 돈, 양자든 전자든 혹은 후자든 그것이 존재하지 않음으로 인해 단기방학 속에 양극화의 비극이 잔존할 수 있다. 문화체육관광부와 교육부는 이러한 점을 간과한 나머지 관광 주간과 단기 방학을 본 취지대로 활용하지 못하는 가정에 대해 대안 프로그램을 만들어 내지 못했다.

문화체육관광부가 바라는 대로 국내 관광 산업이 얼마나 활성화 될 지, 단기 방학을 끼고 있는 관광 주간의 효용은 어떤 데이터로 나타날지 지켜봐야 하겠지만 적어도 단기방학이 사교육시장의 배를 불려 준 것만은 사실이다. 학원들은 단기방학을 기다렸다는 듯이 '7일 초등학생 전 과목 완성', '초단기 영어 소수 정예반', '논술 대비반', '과학고 특별반' 등 특강 과정을 개설했다. 단기방학 중 학생들이 학원으로 쏠리지 않도록 학원들에 자율휴업을 권하는 등 교육부가 동참을 요청했다지만 '요청'만으로 학원이 시장 논리를 저버릴 것이라는 기대를 애초부터 하지는 않았을 것이다. 단기방학 특강 프로그램 수강료로 100만 원을 웃도는 돈을 받는 학원도 있으니, 그곳이 정녕 관광지인지 정부에 물어보고 싶은 마음이다.

서울특별시교육청의 경우 초·중·고 1305개교 중 88.96%가 단기방학을 실시했고 충청남도교육청은 전체 초·중·고의 91.7%가 단기방학을 실시하는 등 전국 대부분의 학교에서 단기방학을 수용한 가운데 전라북도교육청만이 유일하게 단기방학을 실시하지 않기로 했다. '맞벌이 부부의 자녀 돌봄 문제가 생기고 단기방학을 이용한 고액 사교육이 성행할 수 있어 단기방학을 운영하지 않겠다.'는 전북교육감의 이야기를 통해 단기방학에 대한 대책을 마련하고 본질에 더욱 다가서려 한다면 더 좋은 정책으로 승화될 길이 열리지 않을까?

김.제.동을 통해 학교교육의 답을 찾다

벽에 걸린 달력을 보며
빨간 숫자는 아빠 쉬는 날이라고
민주는 크레용으로 이번 달에 6개나 동그라미를 그려 놓았다

민주야
저 달력의 빨간 숫자는
아빠의 휴일이 아니란다
배부르고 능력 있는 양반들의 휴일이지
곤히 잠든 민주야
너만은 훌륭하게 키우려고
네가 손꼽아 기다리며 동그라미 쳐논
빨간 휴일날 아빠는 특근을 간다
발걸음도 무거운 창백한 얼굴로
화창한 신록의 휴일을 비켜
특근을 간다

— 박노해 〈휴일특근〉 중

'배부르고 능력 있는 양반들'이 그들의 시선으로, 그들과 공감하는 이들의 입장에서만 정책을 입안해서는 안 된다. 고용노동부든 문화체육관광부든 교육부든 '실적'이라는 개념으로 제도를 바라보

아서는 안 된다. 제도를 만듦으로써 생기는 폐단과 부작용을 줄이기 위해 '안착'의 과정을 꼼꼼히 챙겨야 한다.

  그러한 과정 속에서 상생의 구조가 만들어지고 그러한 틀 속에서 단기방학의 정체성을 찾아야 한다. 민주의 아빠가 '화창한 신록의 휴일을 비켜' 가는 일이 없는 사회가 오기를 기대한다. 설령 그 과정이 더디더라도 교육공동체는 민주가 그려 놓은 동그라미 여섯 개의 의미가 헛되지 않도록 노력해야 할 것이다.

– 2015. 5. 6. 오마이뉴스

김.제.동을 통해 학교교육의 답을 찾다

2

하종오 〈원어〉를 통해 학교교육을 말하다

동남아인 두 여인이 소곤거렸다

고향 가는 열차에서

나는 말소리에 귀 기울였다

각각 무릎에 앉아 잠든 아기 둘은

두 여인 닮았다

맞은편에 앉은 나는

짐짓 차창 밖 보는 척하며

한마디쯤 알아들어 보려고 했다

휙 지나가는 먼 산굽이

나무 우거진 비탈에

산그늘 깊었다

두 여인이 잠잠하기에

내가 슬쩍 곁눈질하니

머리 기대고 졸다가 언뜻 잠꼬대하는데

여전히 알아들을 수 없는 외국말이었다

두 여인이 동남아 어느 시골에서

우리나라 시골로 시집왔든 간에

내가 왜 공연히 호기심 가지는가

한잠 자고 난 아기 둘이 칭얼거리자

두 여인이 깨어나 등 토닥거리며 달래었다

한국말로,

울지 말거레이

집에 다 와 간데이

– 하종오, 〈원어(原語)〉

    화자는 고향 가는 기차 안에서 결혼 이주 여성으로 보이는 동남아인을 만나게 된다. '차창 밖 보는 척하며', '곁눈질하'는 자신을 두고 타인에 대해 '공연히 호기심을 가지는' 존재라 자성하기도 하지만 그 무례를 감수한 결과, 두 여인이 이중적인 언어를 사용하고 있음을 확인한다. 서로 소곤거릴 때는 동남아어를 사용하고 칭얼거리

김.제.동을 통해 학교교육의 답을 찾다

는 아기를 달랠 때는 한국어, 그것도 시골마을의 방언을 쓰고 있음을 확인했다는 것이다. 작가가 화자에게 이러한 발견을 가능하게 한 이유는 무엇이었을까?

동남아 여성이 본국의 언어와 이국의 언어를 두루 사용하고 있다는 사실은 표면적으로 드러나는 가치일 뿐이다. '두 여인이 동남아 어느 시골에서 우리나라 시골로 시집왔든 간에', '각각 무릎에 앉아 잠든 아기 둘은 두 여인 닮았다'라는 단서를 통해 그들이 다문화 가정의 결혼 이주 여성이라는 사실을 인지하면, 이면의 해석과 통찰을 위해 사고의 스펙트럼을 넓게 가져갈 필요가 있을 것이다. 시어에서 나타난 것처럼 결혼 이주 여성의 '울지 말거레이'가 과연 고유의 억양이나 발음에 부합했겠는가를 생각해 본다면 그들이 겪고 있는 언어의 장벽이나 문화적 혼란, 정체성의 상실 등을 논하지 않을 수 없다는 것이다.

결혼 이주민 수는 2015년 2월 현재 15만여 명에 달하는데, 이 중 여성이 84.8%로 13만 명 가까이 된다. 강원도여성가족연구원의 조사 결과에 따르면, 결혼 이주 여성들은 한국 생활 중 힘든 점이 무엇인지에 대해 언어 문제 49.5%, 외로움 32.9%, 경제 문제 31.9%, 문화 차이 26.3%, 자녀 양육 24.3% 순으로 답변했다. 언어적 한계는 그 자체가 문제이기도 하겠지만 제도나 문화의 이질성에 대한 간극을 줄일 수 있는 기회가 상실된다는 점에서 더 큰 폐단이 되기도 한다. 또한 언어적 한계에 기인한 소통의 부재는 사고방식의 차이를 더욱 심화시킬 수도 있고, 남편이나 남편의 나라에 대한 실체적 진실을 파악하는 데 어려운 요소로 작용하기도 한다.

더욱 안타까운 것은 결혼 이주 여성들이 한국 사회에 적응해야 하는 시기와 그들이 육아에 있어 큰 역할을 수행해야 하는 시기가 겹치는 경우가 많아, 자녀의 성장 과정에 필요한 정보를 놓치게 되는 사례가 잦다는 점이다. 결혼 이주 여성 본인이 한국어에 대한 제 이해가 되어 있지 않으니 자식 또한 언어적 영역에 있어 발달 과업을 제대로 성취하지 못할 것이라는 점 또한 상식적으로 추론 가능한 부분이다.

각 시민단체나 대학, 지방자치단체에서 다문화 가정에 대한 지원을 아끼지 않고 새로운 시도를 하는 근간의 모습은 고무적이다. 교육부에서도 '2015년 다문화 학생 교육지원 계획 발표'를 통해 다문화 학생을 위한 맞춤형 교육을 강화하고 교원의 다문화 이해교육을 강화하려 앞장서고 있으며, 서울·경기·충남·전남·경남 다섯 개 지역 30곳을 중심으로 다문화 유치원을 시범적으로 운영하려는 틀을 짰다.

다만 걱정이 되는 것은 정책이 지나치게 다문화 가정의 자녀 쪽에 편중되어 있다는 점과 아직까지도 그들을 '돌봐 주어야' 한다는 사고로 접근하고 있다는 점이다. 결혼 이주 여성이 언어적 한계를 극복해야 그들의 자식들이 온전하게 한국어를 구사하고 사회성을 키워 나갈 수 있다는 점에 입각하여 정책 수혜 대상을 다양화할 필요가 있다.

또한 무조건적으로 그들을 동정해서도 안 되고 일방적으로 한국 사회에 동화시키려 해도 안 된다. 우리 안의 타자와 공존하려는 자세를 지켜야 하는데, 그러기 위해서는 소통을 전제로 하여 전 단계에서 다문화 가정 한국어 교육 정책을 조금 더 세련되게 다듬어야 할 것이다.

2011년 국가인권위원회에서 다문화 가정 186명을 대상으로 학교생활 차별 실태 조사를 했다. 이 중 '발음이 이상하다고 놀림 당한 적이 있다'라는 항목에 41.9%가 고개를 끄덕였다. 물론 중도입국 청소년이 답한 수가 많았으리라 예상할 수 있지만 발음의 논리에서 벗어나 우리말에 대한 이해도로 범위를 확장할 경우, 결혼 이주 여성이 우리나라에서 낳은 자녀라도 맥락적 인지 능력이 취약한 경우가 많아 놀림에서 벗어나지 못할 것이다.

결국 결혼 이주 여성을 위해 양질의 한국어 교육이 이루어지지 않을 경우, 그들의 자녀가 학교생활에 적응하는 데 어려움을 겪을 수도 있다는 결론에 도달한다.

'부족한 노동력을 메우고 저출산 고령화를 잠재우기 위한 수단'의 맥락에서 다문화 가정을 이해하는 편협한 시선에서도 벗어나야 하고 시혜적 접근 방식도 떨쳐야 하며 공존을 위해 그들의 가치관과 그들의 문화를 적극 수용하려는 자세가 필요하다는 것인데, 그들의 언어를 배울 필요가 있다는 이야기는 차치하고서라도 그들에게 최소한의 정책 과제로써 한국어 교육을 강화할 필요가 있다는 부분은 공감할 것이다.

결혼 이주 여성들이 우리 사회의 모든 것들과 진심을 나눌 수 있도록, 그리고 그들이 자녀에 대한 교육을 올바르게 할 수 있도록 제노포비아(xenophobia)와 작별하고 '울지 말거레이 집에 다 와 간데이'를 제대로 가르쳐 주자.

– 2015. 5. 11. 오마이뉴스

김.제.동을 통해 학교교육의 답을 찾다

3

천양희 〈단추를 채우면서〉를 통해
학교교육을 말하다

단추를 채워보니 알겠다

세상이 잘 채워지지 않는다는 걸

단추를 채우는 일이

단추만의 일이 아니라는 걸

단추를 채워보니 알겠다

잘못 채운 첫단추, 첫연애 첫결혼 첫실패

누구에겐가 잘못하고

절하는 밤

잘못 채운 단추가

잘못을 깨운다

그래, 그래 산다는 건

옷에 매달린 단추의 구멍 찾기 같은 것이야

단추를 채워보니 알겠다

단추도 잘못 채워지기 쉽다는 걸

옷 한 벌 입기도 힘들다는 걸

– 천양희, 〈단추를 채우면서〉

살다 보면 단추를 잘못 채웠다는 사실을 알면서도 귀찮다는 이유로 매무새를 다듬지 않는 경우가 있고, 단추를 제대로 채우는 방법을 몰라 우물쭈물하는 경우도 있다. 단추를 잘못 채웠다는 사실 자체를 인식하지 못할 때도 있고, 단추를 잘못 채운 것이 아님에도 잘못 채웠다고 오해를 받는 경우도 있다. 상황이야 어쨌든 '세상이 잘 채워지지 않는다'는 화자의 말처럼 신은 호락호락한 삶만을 허락하지 않나 보다. '단추를 채우는 일이 단추만의 일이 아니라'는 화자의 말과도 같이 개인의 의지나 바람과는 별개로 그를 둘러싼 여러 환경이 변수로 작용하기도 하나 보다. 결국 '옷 한 벌 입기 힘든' 세상에서 단추 구멍을 찾으며 삶이라는 숙제에 도전해야 하는 것이 인간의 숙명인가 보다.

교육부 통계에 따르면, 매해 학교를 떠나는 학생이 6만여 명이라

한다. 이 중 대안학교로 발길을 돌리거나 해외로 유학을 가는 등 나름의 길을 걸어가려는 학생들을 제외하더라도 한 해 3만 5천 명 정도가 학교를 떠나는 셈인데, 그에 따른 누적 청소년만 36만 명이라고 한다. 이들을 두고 '학교 밖 청소년'이라 하는데, 더욱 놀랄 만한 사실은 소재 파악이 정상적으로 안 되는 청소년이 28만여 명에 달한다는 것이다.

학교 밖 청소년 지원에 관한 법률(시행일 2015. 5. 29.)을 보면 학교 밖 청소년에 대해 '초등학교 · 중학교 또는 이와 동일한 과정을 교육하는 학교에 입학한 후 3개월 이상 결석하거나 취학의무를 유예한 청소년', '고등학교 또는 이와 동일한 과정을 교육하는 학교에서 제적 · 퇴학처분을 받거나 자퇴한 청소년', '고등학교 또는 이와 동일한 과정을 교육하는 학교에 진학하지 아니한 청소년'으로 규정하고 있다. 말하자면 '학교 밖 청소년'이란 고등학교 이하 아동 중에서 학교에 적응하지 못하고 그만두는 학생이나 아파서 학교를 떠나는 학생, 해외 유학을 가는 학생 등 다양한 사유로 학교를 떠나는 청소년을 말하는 것으로, 우리가 일반적으로 알고 있는 학제 밖의 모든 청소년을 일컫는 표현이다.

결국 똑같은 학교 밖 청소년이라 할지라도 단추가 제대로 채워졌는지 여부를 떠나 단추를 다시 채우려는 학생, 단추를 의도적으로 잘못 채우려는 학생, 단추를 잘 채웠다고 생각했으나 기성세대로부터 'NO!'를 들은 학생, 단추를 채우고 싶은 의지가 없이 멍하게 지내고 있는 학생, 단추를 잘못 채웠다는 지적에 따라 조직에서 쫓겨난 학생 등 다양한 이유를 찾을 수 있다.

옷 한 벌 입기가 쉬운 일만은 아니라고 화자가 말했다. 그만큼 학교 밖 청소년들에게 있어서의 '옷 입기'는 더욱 어려울 가능성이 높다는 판단 아래 정부가 '학교 밖 청소년 지원에 관한 법률'이라는 이름으로 팔을 걷어붙였다. 학교 밖 청소년의 인생이 '잘못 채운 첫단추'라는 사회적 인식에서 벗어날 수 있게, '잘못 채운 첫단추'로 변질되지 않게, '단추의 구멍 찾기'를 통해 삶에 대한 진지한 성찰이 가능하도록 국가적 책무를 다하려는 차원인 것이다. 이제껏 제도권의 울타리 안에서 교육복지 정책을 펼치다가 상대적으로 소외될 수밖에 없었던 학생들에게도 눈을 돌린 것으로, 경제 불평등뿐만 아니라 교육 불평등 역시 가속화되고 있는 현실에서 적격의 조치라 볼 수 있다.

여성가족부가 중심축이 되어 교육부, 고용노동부, 법무부 등이 관계부처 합동으로 '학교 밖 청소년 지원 대책'을 발표했다. 작년에 학교 밖 청소년 지원에 관한 법률이 통과되었고 이번 달 말부터 시행을 앞두고 있는 터라 이를 바탕으로 5대 중점 추진 과제와

김.제.동을 통해 학교교육의 답을 찾다

18개 세부 추진 과제를 준비했다. 학업 중단 학생이 많이 발생하는 458개 고등학교를 교육복지 우선 지원 학교로 선정하여 교육복지사를 배치하고 학업 중단 예방 프로그램을 집중 지원하기로 했으며, 거주지가 불분명한 미취학 아동의 소재를 파악하여 아동 학대형 의무교육 이탈 방지시스템을 구축하고자 했다. 또한 학교 밖 청소년의 발견부터 사후 관리까지 총괄하는 '학교 밖 청소년 지원센터'를 200개소로 확대하여 유형별 맞춤형 진로지도를 제공하기로 했다.

아울러 학교 밖 청소년을 위기청소년 특별 지원 대상으로 우선 선정하여 생계비나 치료비, 검정고시 비용 등을 지원하기로 했으며, 중도입국청소년의 사회 적응 지원책이나 근로 청소년에 대한 복지□보호도 강화하기로 했다. 이 밖에도 학교 밖 청소년들로 구성된 자문단(50명)을 구성해 정책 수립부터 평가까지 수요 당사자인 청소년들의 목소리를 반영하는 환류시스템도 마련할 방침이다.

불가피한 사정으로 학교를 그만두었다고 하더라도 그들이 미래 사회의 성장 동력이 되도록 추진체를 갖추게 하는 것이 국가의 의무라 볼 때, 교육복지의 사각지대에 놓인 아이들에게 관심을 가진 이번 정책은 쌍수를 들고 환영할 일이다. 학교 밖 청소년에 대해 문제가 발생한 후 수습을 하는 형태를 벗어나 적극적 발굴을 통해 성장 지원하는 형태로 이행하는 첫발을 내디딘 의미 있는 일이다.

  하지만 교육철학 없이 중도탈락자를 '막아 내어' 학교의 성과를 올리기에 급급한 관리자들에 대한 교육계 전체의 자성도 뒤따라야 한다. 각 부처 간 중복되는 업무를 최소화하고 기관별 특화사업을 구상하는 작업도 시급히 이루어져야 한다. 또한 각 지방자치단체나 교육청에서 학교 밖 청소년들을 위해 이미 시행하고 있는 사업을 모방하기보다 후방에서 지원하는 역할을 취하되 국가 단위에서 조금 더 크게 움직일 수 있는 방안은 무엇인지, 조금 더 실효성을 거둘 수 있는 방안은 무엇인지에 대해 고민해야 한다.

  여성가족부와 교육부의 '옷에 매달린 단추의 구멍 찾기', 과연 어떻게 이루어질지 지켜볼 일이다.

- 2015. 5. 15. 오마이뉴스

김.제.동을 통해 학교교육의 답을 찾다

4

고은 〈머슴 대길이〉를 통해
학교교육을 말하다

앨빈 토플러, 짐 테이토 등이 설립한 비정부기구 '세계미래회의 (World Future Society)'는 미래 트렌드를 예견하는 싱크탱크로 지난 2008년 8월, '미래전망 2008(Outlook 2008)'을 내놓았다. 2008년에 내다본 2025년에 대한 예측인데, 이미 실현된 경우도 많고 곧 실현될 요소들도 흔히 보이며 실현될 징후가 짙은 부분도 많이 드러난다. 출산율은 떨어지고 가족 해체가 빈번하게 일어나는 등 가족 구조가 급변할 것이라는 예상은 이미 현실이 되었다. 출산율이 감소하고 줄기세포 치료나 유전자 치료를 통한 수명 연장이 가속화됨에 따라 초고령화 사회가 될 것이고, 그에 따라 노인이 노인을 돕는 시대가 올 것이라는 예상도 사정권에 들어온 듯하다.

세계미래회의에서 '남자가 왜 필요한가?(What use are men?: The Future of Gender Roles in Society)'를 발제한 영국의 카렌 멀로니가 미래사회에서는 남성의 근육질에서 나오는 힘이 더 이상 필요 없다고 했는데, 언뜻 보면 현실과 동떨어진 분석인 것 같으나 미묘한 흐름을 짚어 볼 필요는 있다.

아직까지는 여성에 대한 불평등이 남아 있는 것이 사실이나 여성들이 각 분야의 요직에 조금씩 오르기 시작했고, 여성 우위가 지속적으로 강화된다면 남성불평등에 대한 저항을 하겠다며 조급함을 보이는 선진국 남자들의 발버둥이 시작되었기 때문이다.

미래학자들의 분석이나 예측뿐만 아니라 동향에 조금만 관심을 기울이면, 시대정신이 어떻게 바뀌고 있으며 어떻게 흘러갈 것인지 판단할 수 있다. 1인 가족이 급증하고 고령화 사회가 다가왔으며 성역할에 대한 물음표를 던져 놓은 현실에서 경쟁 중심 체제를 지향할 것인지, 아니면 협력 체제를 구축할 것인지에 대한 답은 의외로 자명하다.

기술의 발달이나 경제의 발전을 꾀할수록 경쟁의 논리가 판을 칠 것 같으나 자의든 타의든 연대를 추구하게 되는 아이러니를 IT업계의 움직임을 통해서 충분히 파악할 수 있다. 설령 그것이 일시적

합병을 통한 기회의 모색 차원이라 할지라도 일보 전진을 위해서는 공존하는 방법을 알아야 한다는 교훈을 얻을 수 있다.

전자 미디어를 통해 나타난 집단지성으로 집합적 참여와 협업의 중요성을 깨달을 수도 있고, 대량 생산과 대량 소비가 특징인 20세기 자본주의 경제체제와는 달리 협업소비를 기본으로 한 공유경제가 가져다주는 힘도 충분히 감지할 수 있다.

협력과 상생, 공유와 공존, 소통과 연대의 시대이다. 경쟁과 반목, 갈등을 부추기는 시스템과는 작별을 고해야 진정한 경쟁력이 생기고 '경쟁'이라는 말의 본질에 가까워지는 것이다.

"남을 짓밟고 올라서야만 성공한다는 가르침은 '농약'과 같은 것이다. 쓰레기보다 아주 고약한 것이다. 쓰레기는 더럽다며 치우기라도 한다. 농약은 당장 이로워 보이지만 독약과 같은 것이다. 우린 거기에 속고 있다. 민주주의를 팔아먹는 것이다. 진정한 생존경쟁이 무엇인가? 생각이나 처지가 다른 사람들을 존중하며 함께 사는 것이다."

채현국 효암학원 이사장이 한 강연에서 주장한 위와 같은 말처럼 '친구'와 '이웃'을 만들어 주려는 기성세대의 노력이 필요하다.

새터 관전이네 머슴 대길이는
상머슴으로
누룩 도야지 한 마리 번쩍 들어
도야지 우리에 넘겼지요.
그야말로 도야지 멱 따는 소리까지도 후딱 넘겼지요.
밥 때 늦어도 투덜댈 줄 통 모르고
이른 아침 동네길 이슬도 털고 잘도 치워 훤히 가리마 났지요.
그러나 낮보다 어둠에 빛나는 먹눈이었지요.
머슴방 등잔불 아래
나는 대길이 아저씨한테 가갸거겨 배웠지요.
그리하여 장화홍련전을 주룩주룩 비 오듯 읽었지요.
어린 아이 세상에 눈떴지요.
일제 36년 지나간 뒤 가갸거겨 아는 놈은 나밖에 없었지요.

(중략)

찬 겨울 눈더미 가운데서도
덜렁 겨드랑이에 바람 잘도 드나들었지요.
그가 말했지요.
사람들이 너무 호강하면 저밖에 모른단다.
남하고 사는 세상인데

대길이 아저씨

그는 나에게 불빛이었지요.

자다 깨어도 그대로 켜져서 밤새우는 불빛이었지요.

- 고은, 〈머슴 대길이〉

'머슴 대길이'는 자신의 신분에 맞게 묵묵히 주어진 일을 소화한다. 그러나 우직함을 가진 것뿐만 아니라 일제 강점 하에서 화자가 주위 친구들과는 달리 독보적으로 한글을 깨우치는 계기를 마련해 주었다. 강력한 주체 의식의 소유자이다. '남하고 사는 세상'에서 '저밖에 모르는' 행위를 지양해야 한다는 가치를 화자에게 심어 주기도 하는 걸 보면 그를 '선각자'라고 불러도 과함이 없을 것 같다. 화자에게 그가 불빛이듯 공존과 협력의 가치가 존중받아야 할 이 시점에 기성세대와 교육사회는 학생들에게 어떤 불빛으로 거듭나야 할까?

2,000여 개의 학교협동조합을 보유하고 200만 명에 가까운 조합원을 구성하고 있는 등 '학교협동조합의 천국'이라 불리는 말레이시아와는 다소의 거리가 있지만, 우리나라 학교사회에서도 협력의 가치를 가르치기 시작했다. 유엔이 정한 '세계 협동조합의 해'를 맞아 2012년 협동조합기본법을 시행하였고 그 영향을 받아 현재 전국 10

여 개 학교에서 학교협동조합을 운영하고 있다.

서울 삼각산 고등학교는 학생, 학부모, 교사가 일체감을 발휘,
올해 3월 매점 운영과 관련하여 협동조합 인가를 받고 4월 3일 '먹
고가게'라는 이름으로 문을 열었다. '공동의 필요와 공동의 목적이
무엇인가'라는 문제의식에서 출발, 그 열쇠를 쥐기 위해 불량식품
이나 건강에 좋잖은 질 낮은 물품 구매를 지양하고 친환경 음식을
들여와 최대한 저렴한 가격에 판매하는 구조를 취한 것이다. 200명
이 넘는 조합원 가운데 학생이 80% 정도를 차지한다고 한다. 협동
조합 이사로 5명의 학생들이 활동하고 있는데, 이들은 매점 운영과
관련하여 아이디어를 구상하기도 하고 조합원 회의에 참여하여 의
견을 수렴하기도 한다. 경제교육과 환경교육의 효과를 제대로 맛보
고 아울러 협력의 가치를 몸소 느끼기도 하는 셈이다. 1주 1표제가
아닌, 1인 1표제의 민주적 의사결정구조를 축으로 하는 협동조합의
운영 방식을 통해 민주주의의 참 가치를 배우기도 하는 셈이다.

학교협동조합은 교육의 3주체가 수평적 형태의 의사 결정 과정을
거치면서 건강한 먹거리를 싼 가격으로 구입해 판매하고, 그 수익
을 매점에 재투자하거나 학내 복지에 사용하는 구조이다. 소유자와
운영자, 그리고 이용자를 모두 교집합 속에 두자는 취지 속에 연대
의 위력과 협력의 가치, 상생의 구조, 소통의 맥락을 접할 수 있는

시스템이다. 이 좋은 시스템에 학교협동조합 교육 콘텐츠를 다양하게 생산하려는 노력이 이어진다면, 학교협동조합제도는 학생들에게 좋은 불빛으로 거듭날 수 있을 것이다.

- 2015. 5. 21. 오마이뉴스

5

박성우 〈삼학년〉을 통해
학교교육을 말하다

　초등학교 5학년 학생이 쓴 시가 화제다. '학원에 가고 싶지 않을 때 / 이렇게 / 엄마를 씹어 먹어 / 삶아 먹고 구워 먹어'로 시작되는 시인데, 엄마나 사회에 대한 불만을 새로운 방식으로 표현한 동시라 평가하는 사람들이 있는 반면 극단적인 묘사 없이도 학원에 가기 싫은 마음을 충분히 전할 수 있을 텐데 굳이 잔혹하고 비교육적인 접근 방식으로 다가설 필요가 있는지 반문하는 사람들도 적잖다.

　뜨거운 감자로서의 치열한 공방은 잠시 논외로 두더라도 한국 사회가 입시와 경쟁이라는 감옥에서 얼마나 병들어 있는지를 여실히 보여 주는 하나의 '사건'이기는 하다. 중동호흡기증후군(메르스)에 대해 정부가 신속하게 대처하지 못해 감염 범위가 확산되고 감염자 수가 늘어났듯 병들어 있는 이 사회에서 '과도한 사교육'이라는 바이러스를 잡아 주지 못하면 건강하고 행복해야 할 아이들의 삶을 송두리째 앗아 버리는 어른들의 만행은 그 어디에서도 용서받지 못할 것이다.

육아정책연구소가 지난 2014년 발표한 '영유아 교육·보육비용 연구서'에 따르면, 영유아 사교육비가 2013년 대비 22% 상승하여 3조 2,300억 원까지 치솟았다고 한다. 또한 한국소비자원 조사 결과, 초등학생의 월 사교육비는 평균 37만 원에 달한다고 한다.

더욱 안타까운 부분은 아이들이 영어, 수학을 비롯한 교과 전문 학원에 다니며 맹목적인 지식 쌓기에 열을 올리고 있다는 점이다(최근 서울 강남 지역에서는 승마, 펜싱 등 고가의 체육 과외가 유행하기는 한다). OECD 국가 중 '더 나은 삶' 지수에 있어 어려울 때 의지할 수 있는 사람이 있는지 여부를 물었을 때 긍정적인 대답을 한 사람의 비율이 우리나라가 가장 낮았다는 점은 통계의 허상을 고려하더라도 분명 시사하는 바가 크다.

초등학생의 부모가 2016 대입 설명회에 참여하는 모습, 요상한 커리큘럼으로 초등학생들을 의대 진학반으로 유인하는 모습 등은 지금, 여기의 한국사회에서 빈번히 연출되는 장면이다. 그 진풍경의 주인공이 된 것에 자부심을 느끼는 무지로서의 용맹함은 어디에서 나오는 것일까?

　문제의 본질을 사교육비의 증가에 두는 것은 케케묵은 논쟁 그 이상도 이하도 아닐 것이다. 결국 과도함에 대한 경계가 필요하다는 것이고, 학습자로서의 어린이에게 선택과 자발적 의지라는 선물을 안겨 주자는 것이다. 영어에 관심을 보이는 아이라면 공교육이든 사교육이든 요소마다 필요한 힘을 빌려 쓸 수도 있는 법이다. 굳이 선행학습을 하지 말아야 한다거나 사교육비 증가의 주범이 되어서는 안 된다는 죄책감도 가질 필요 없다. 교과 공부를 벗어나 아이의 감성을 충전해 주어야 한다는 논리로 본인이 원치도 않는데 태권도장이나 피아노학원에 다니게 할 필요도 없다. 부모의 필요와 선택이 한 인격체로서의 어린이에게 강요로 연결되는 일이 없어야 한다. 아이가 미성숙한 존재이고 세상 물정을 모르기에 현명한 판단의 몫은 어른인 부모에게 주어져야 한다는 단순한 생각에서 벗어나야 한다. 우주의 전체 공간을 가로축으로, 인류가 함께한 역사를 세로축으로 두었을 때, 한 인간의 존재감은 과연 어느 영역에 어떤 점으로 나타날 수 있을까? 시류에 대한 본인의 눈이 정확하리라는 과도한 용맹보다는 아이들의 순수한 직관과 본능을 믿는 편이 더 낫지 않을까?

　김.제.동을 통해 학교교육의 답을 찾다

미숫가루를 실컷 먹고 싶었다
부엌 찬장에서 미숫가루를 훔쳐다가
동네 우물에 부었다
사카린이랑 슈가도 몽땅 털어 넣었다
두레박을 들었다 놓았다 하며 미숫가루를 저었다

뺨따귀를 첨으로 맞았다

— 박성우, 〈삼학년〉

　미숫가루를 실컷 먹고 싶었다는 화자의 마음이 예쁘다. 미숫가루를 훔쳐다가 동네 우물에 부었다는 화자의 행동도 갸륵하다. 미숫가루의 맛을 돋보이게 해 줄 다양한 재료들을 우물에 넣으며 두레박을 들었다 놓았다 하는 화자의 모습도 예쁘다. 미숫가루를 먹고 싶다는 자발적 의지가 있다는 사실이, 많이 먹기 위해 동화적 상상이든 만화적 발상이든 과도한 객기이든 간에 뜻한 바에 다가서려는 움직임이 있었다는 사실이, 미숫가루를 저으며 맛난 음료를 만들기 위해 지속적으로 정성을 들였다는 사실이, 이 아이를 예쁘게 바라볼 수밖에 없는 것이다.

　'과도한 사교육'에 길들여진 아이에게서 화자의 마음과도 같은 순수한 모습을 발견할 수 있을지, 선택을 박탈당한 아이에게서 화자의 행위와도 같은 의지와 열정을 발견할 수 있을지에 대해서는 생각해 볼 일이다. 이후 머리를 쓰다듬어 줄 사람을 만날지 혹은 뺨을 때려 줄 사람을 만날지는 본인의 몫이거나 숙명일 따름이다.

6

원모어찬스 〈럭셔리버스〉를 들으며
학교교육의 열쇠를 쥐다

　얼마 전 한 지인이 볼일도 볼 겸 비번일의 여유도 누릴 겸 서울에서 천안까지 지하철로 이동했는데, 그 고통은 이루 말할 수가 없었다고 했다. 고속열차로 40분이면 이동할 거리를 두고 굳이 긴 시간과 사투를 벌이고자 했던 자신이 원망스러울 정도로, 자리도 불편한데다 도떼기시장을 방불케 하는 무질서의 질서에 혀를 내둘렀던 모양이다.

　흡사 옛 비둘기호를 탄 느낌이었다는 지인의 말에, 'KTX를 탈걸'이라는 후회를 할 수 있다는 것 자체가 비둘기호와도 같은 대중교통을 이용할 수밖에 없는 사람들에게는 감정의 사치로 비추어질 수도 있겠다는 생각이 들었다. 농땡이 생활에 종지부를 찍고 뒤늦게야 정신 차려 지방 사립 사범대에 턱걸이로 입학했던 내가, 국립 사범대에 아쉽게 떨어져 결국 이런 하찮은 곳에 입학하게 되었다며 푸념을 늘어놓는 동기에게서 느끼는 감정처럼.

　이쯤해서 원모어찬스(One more Chance)의 〈럭셔리버스〉라는 노래가 뇌리를 스치고 지나가는 것은 당연한 일일지도 모르겠다. 노랫말을 만든 정지찬의 경험담일 것 같기도 한 이 곡. 후텁지근한 여름날 남인도에서 멋지게 버스 여행을 떠나려 했던 화자에게는 어떤 일이 일어났을까?

　찌는 듯한 어느 여름 남인도에서
　내가 애써 예약해 놓은 멋진 럭셔리 버스
　하지만 그곳에 갔을 때 내가 만난 건
　사람, 염소, 닭이 같이 타는 낡아빠진 시골버스
　나의 황당한 표정 화가 난 모습 뒤로
　어느 인도 할머니는 돈이 없어 내려야 했어
　누군가에게 실망스런 일이 누군가에게 럭셔리함
　그래 내가 탄 버스 럭셔리 버스 맞았어
　럭셔리 버스 럭셔리 버스 부우웅
　우리가 함께 타고 가는 멋진 순간들

　　　　　　　김.제.동을 통해 학교교육의 답을 찾다

럭셔리 버스 럭셔리 버스 부우웅

힘든 인생은 없어 럭셔리한 경험만 있을 뿐

우리는 기다리며 살지 멋진 순간들만

하지만 우릴 기다린 건 황당한 순간들

하지만 먼 훗날 뒤돌아보면 모두 럭셔리한 무용담

걱정할 필요 없어 모두 추억이 될 테니

럭셔리 버스 럭셔리 버스 부우웅

우리가 함께 타고 가는 멋진 순간들

럭셔리 버스 럭셔리 버스 부우웅

힘든 인생은 없어 럭셔리한 경험만 있을 뿐

사람과 동물들로 범벅이 된 시골 찜통 버스 속에서 기대감이 무너져 짜증이 났던 화자. 실망감도 잠시, 보잘것없는 버스임에도 무임승차할 수밖에 없었던 할머니를 발견하게 된다. 그리고 누군가에게는 실망스러운 대상이나 상황이 다른 누군가에게는 '감지덕지(感之德之)'로 다가올 수 있다는 사실을 깨닫는다. 본의 아니게 화자에게 가르침을 주었던 할머니의 '초라함'에서 우리 아이들의 감성을 돋게 할 키워드를 찾으면 어떨까?

지난 7월 22일, 나는 경상남도교육청 주관 '2015 2차 교육감과 함께하는 500인 원탁 대토론회'에서 퍼실리테이터 역할을 수행하며 경남 지역의 학부모와, 교사, 도민들과 이야기를 나누었다. 우리 아이들이 더 행복해지기 위해서 가정에서는 어떤 변화가 가장 필요하다고 생각하는지에 대한 주제를 두고, 가족끼리 함께할 시간이 많아야 한다는 점과 부모와 자식 간에 신뢰가 가장 중요하다는 점 등이 거론되었는데 무엇보다 많은 지지를 얻었던 부분은 부모가 변해야 한다는 내용이었다. 아이들에 대한 교육과 아이들의 행복을 논하기에 앞서 그들의 거울일 수 있는 부모가 사리 판단에 있어 중심을 잡고, 차가운 머리가 아니라 따뜻한 가슴으로 세상을 맞이한다면 교육적 효과는 인위적인 끈 없이도 자연스레 형성된다는 것이다.

아이들에게 원모어찬스의 노래를 들려주며 밥 한 끼의 소중함과 고마움을 알게 해 주면 어떨까? 학교 현장에서 급식지도를 해 보면 반찬 투정이 도를 넘는 것은 예사고 잔반을 정도 이상으로 남기는 경우도 다반사다. 입맛에 맞지 않아 남긴 것을 두고 쌀 한 톨이 곧 농부의 땀 한 방울이라는 고전식 밥상교육 메시지를 주고 싶은 마음은 없지만, 단체 급식에서 이루기 힘든 그 '맛'을 위해 고군분투하는 조리원의 노고를 애초 염두에 두지 않는 자세는 문제로 삼아 바로잡아 줄 필요가 있다.

혹여 어른들이 만들어 놓은 관행과 악습으로 인해 유통이나 검수

체계에 구멍이 생겨 급식의 질이 저하되었다면 그것은 그것대로 반드시 해결해야 하겠지만, 그런 상황과 무관하다면 학부모의 '솔선'이 필요하고 아이들의 투정에 대한 '적절한 거리'도 필요하며 가정 내에서 요리 당번을 정하여 서로의 고마움과 한 끼 밥상의 소중함을 알게 해 줄 '노력'도 필요하다.

또한 보편적 경제 능력에 수렴하는 가정의 아이들은 푸념을 늘어놓기에 일쑤인 반찬이 기초생활수급자 및 차상위계층 가정의 아이들에게는 진수성찬일 수 있다는 사실을 느끼게 해 줄 필요도 있다. 어려운 가정의 아이들이나 결식 우려 아동, 사각지대 아동들을 위해 국가가 복지 차원에서 아동급식카드로 지원해 주기는 하지만 실질적으로는 한계가 있다. 아동급식카드로 편의점에서 빵 몇 개를 사들고 끼니를 때우고 있는 아이들의 모습은 누군가에게 실망스런 반찬이 누군가에겐 '럭셔리'할 수 있다는 사실을 인지하게 해 준다. 불만과 불평을 늘어놓기 전에 내 푸념이 다른 이에게는 사치로 느껴질 뿐만 아니라 상처가 될 수 있음을 자각하게 해야 한다.

이 노래는 이어 '힘든 인생은 없어 럭셔리한 경험만 있을 뿐'이라 선율을 타고 있는데, 경제적으로 힘든 학부모들이 그들의 자식들에게 들려줄 수 있는 이야기가 될 것이다. 지금은 가난이 불편하고 힘들겠지만 이것이 곧 네 삶의 자양분이 될 것이라는 희망고문의 차원도 아니고, 개천에서 용이 나오기 힘들다는 자조 섞인 말이 알려 주듯 계층 이동의 한계가 심화되고 있음을 간과하자는 것도 아니다.

다만 물질적 결핍 속에 살고 있는 학부모가 어떤 이유로 신자유주의의 희생양이 되었는지는 모르겠으나 물질적 결핍이 정신적 결핍으로 이어져서는 안 된다는 강한 신념을 가질 필요가 있다는 것이다. 사회구조의 변혁이 필요한 부분은 그 부분대로 기성세대 모두가 해결해야 할 몫이고 '서릿발 칼날 진 그 위'에서 헤쳐 나갈 수 있는 힘을 길러 주는 것은 부모의 몫이다.

방송인 이경규가 어느 강연에서 이렇게 말했다.

"살다 보니 난관에 부딪히는 일 중에서 짐 아닌 것이 없더라. 인생 자체가 짐이더라. 가난도 짐이고 부유함도 짐이더라. 질병도 짐이고 건강도 짐이더라. 책임도 짐이고 권세도 짐이더라. 헤어짐도 만남도 미움도 사랑도 짐이더라. 어차피 이럴 바엔 기꺼이 짐을 지자. 다리가 휘청거리고 숨이 가쁠지라도, 급류에 휩쓸리지 않기 위해 큰 돌덩이를 지고 강을 건너는 아프리카 원주민의 지혜처럼 '삶'과 보람, 행복을 위해 주어진 짐을 기꺼이 지자."

김.제.동을 통해 학교교육의 답을 찾다

'힘든 인생은 없어! 럭셔리한 경험만 있을 뿐'이라 깨우침을 줄 수 있는 부모의 용기와 지혜가 필요하다. 또한 그 말의 당위와 명분을 얻기 위해 부모가 최선의 삶을 살아가는 모습은 필수적으로 요구된다. 아이들의 거울은 어른이기 때문이다.